Amazon Echo Buch 2018: Alexa skills programmieren, Alexa Sprachbefehle für Alexa als virtuelle Assistentin

Über 300 Amazon Alexa Befehle für virtuelle Assistenz. Amazon echo, Spot, Show & Plus

© / Copyright: 2018

Kin Quelch

1. Auflage

ISBN: 9781983026409

Gedruckt im Selbstverlag

Druck: Amazon Media EU S.à r.l., 5 Rue Plaetis, L-2338, Luxembourg

Das Werk, einschließlich seiner Teile, ist urheberrechtlich geschützt. Jede Verwertung ist ohne Zustimmung des Verlages und des Autors unzulässig. Dies gilt insbesondere für die elektronische oder sonstige Vervielfältigung, Übersetzung, Verbreitung und öffentliche Zugänglichmachung.

Bibliografische Information der Deutschen Nationalbibliothek: Die Deutsche Nationalbibliothek verzeichnet diese Publikation in der Deutschen Nationalbibliografie; detaillierte bibliografische Daten sind im Internet über http://dnb.d-nb.de abrufbar

Inhaltsverzeichnis

Einleitung 6
   Amazon Echo – eine Freundin für jedes Zimmer 6
Kapitel 1 – Die Echo Familie und Alexa 8
   Die Echo-Familie 8
      Der echo Dot (2. Gen.) 9
      Das neue Amazon Echo (und Echo Plus) 9
      Das Echo Spot 10
      Das Echo Show 10
      Ist das alles und welchen soll ich nun erwerben? 11
   Die Inbetriebnahme eines neuen Echos 12
      Ein (weiteres) Echo Gerät einrichten 12
      Die Alexa-Apps 13
   Das Sprachinformations- und Assistenzsystem Alexa 13
      Alexa Skills 15
      Shopping mit Alexa 16
      Kindersicherung des Echos 18
      Tipp: Alexa redet Ihnen zu viel? – Der Brief Mode 19
      Preview: einfaches Intercom im eigenen Haus 19
Kapitel 2 – Alexa als Produktivitäts- und Assistenztool 21
   Anbindung externer Daten 21
      Anbindung von Kalendern & deren Nutzung 22
      Weiteres Arbeiten mit Kalendern 23
      Anbindung von ToDo Listen 25
      Skill-Empfehlung: Grundgesetz & Rechtsdatenbank 28

Skill-Empfehlung: Butleroy 29

Alexa for Business 31

Kapitel 3 – Medien: Musik, Video & Hörbücher/-spiele.........33

   Musik via Echo-Geräten wiedergeben....................................33

      TuneIn, Spotify und Deezer mit Ihrem Alexa-Konto verbinden...34

   Podcasts auf dem echo 34

   Hörbücher von Audible und Kindle 35

   Alexa und der FireTV 36

   Echos für Multiroom-Audio 37

Kapitel 4 – Alexa und SmartHomes..40

   Exkurs: Was ist ZigBee?..41

   Der echo als SmartHome Zentrale...41

   Geräte und deren Steuerung 42

      Neue Geräte zu einem echo Plus hinzufügen 44

      Mehrere Geräte gleichzeitig steuern – Gerätegruppen.....44

      Szenen – ein Stückchen gespeicherte Einstellungen 46

      Routinen..46

      ifttt.com – die Automatisierung aus dem Netz.................48

   Problemfall HomeKit: iHaus als Lösung................................49

   Skills sind nicht genug?...50

Kapitel 5 – Echos zur Kommunikation....................................53

   Telefonieren mit den echo-Geräten 54

      Telefonie auf den echo-Geräten einrichten.......................55

      Anrufe per echo-Gerät 55

      Anrufe per Alexa-App..56

- Drop-In Anrufe: garantierte Annahme 56
  - Tipp: echo als Babyphone 57
  - Nachrichten mit echo-Geräten verschicken 57
- Kapitel 6 – Echo für die ganze Familie: Nutzung als Gamekonsole 59
  - Alexa im Kinderzimmer 60
    - Der echo wird zur Hausaufgaben-Hilfe 60
  - Alexa kann jetzt auch Spielekonsole 62
- Kapitel 7 – Alexa im Haushalt 64
  - Alexa in der Küche und beim Einkauf 64
  - Alexa im Hauswirtschaftsraum & Garten 65
- Anhang 67
  - Befehle für Alexa 67
    - Allgemeine Befehle 67
    - Nachrichten 68
    - Einkaufen 68
    - Kommunikation 69
    - Steuerung von Bluetooth-Geräten 71
    - Produktivität / Infotainment 72
    - Medienwiedergabe 85
    - SmartHome Steuerung 89
    - Unterhaltung & Sport 91
    - „Easter-Eggs" 94
  - Alexa und Echo-Geräte für Entwickler 105

Einleitung

Amazon Echo – eine Freundin für jedes Zimmer

Mittlerweile wird der Markt überschwemmt von digitalen Spielzeugen und Geräten. Nicht auch zuletzt von digitalen Assistenzsystemen wie Siri und Alexa um nur zwei Ihrer Gattung herauszunehmen. So wurde uns vor einigen Jahren, als erstes durch Siri auf Mobiltelefonen demonstriert das die Zukunft gar nicht mehr so weit weg ist. Auch in unsere Wohnung sind sie eingezogen: die neuen digitalen Mitbewohner die unser Leben doch erleichtern sollen. Dieses Mal war es Amazon die in der Lege waren als erste einen brauchbaren Assistenten in die Wohnzimmer und Wohnungen zu bringen. Nicht umsonst schneidet Alexa – wie sie so schön von ihren Entwicklern getauft wurde – am beliebtesten ab, wenn es darum geht in die Wohnzimmer zu kommen. Aber nicht nur Otto Normalverbraucher ist begeistert, sondern auch all die ganzen Tüftler und DIYler, welche die Echos und vor allem Alexa in ihren Projekten einbinden.

Echo und Alexa? Sie haben schon richtig gelesen! Genau genommen handelt es sich hier um zwei verschiedene Dinge: einerseits eine Familie von Geräten, welche durch Amazon entwickelt und vertrieben werden und andererseits um Alexa – ein digitales Informations- und Assistenzsystem. Was es mit der Gerätefamilie auf sich hat, werden wir uns bereits im ersten Kapitel dieses Buches anschauen, in dem wir uns mit der echo-Familie und Alexa, sowie den Grundlagen in der Benutzung vertraut machen werden. Sie werden sehen, dass die grundlegende Bedienung kein Hexenwerk darstellt und leicht vonstattengeht. Wir werden uns aber vor allem auch die einzelnen Geräteversionen der Echo-Familie näher betrachten und überlegen, welche dieser Geräte vielleicht für sie am meisten Sinn machen wird.

Neben den Geräten und den Grundlagen der Nutzung von Alexa, werden wir uns aber auch anschauen, was genau die sog. Skills sind, wofür sie sind und was sie machen.

Bevor wir uns aber dem ersten Kapitel mit den Grundlagen widmen möchten, gebe ich Ihnen noch schnell einen kurzen Überblick über die weiteren Kapitel dieses Buches:

- Kapitel 2 – Alexa als Produktivitäts- und Assistenztool
- Kapitel 3 – Medien: Musik, Video und Hörbücher/-spiele
- Kapitel 4 – Alexa und das liebe SmartHome
- Kapitel 5 – Echos zur Kommunikation
- Kapitel 6 – Echo für die ganze Familie
- Kapitel 7 – Echo im Haushalt

Ich hoffe doch, ich konnte Sie schon jetzt für das vorliegende Buch begeistern und habe Ihnen den Mund etwas wässrig geredet. Sie werden sehen sowohl Alexa aus auch die Echo-Familie ist äußerst wandelbar und kann nach Belieben weit in den Alltag eingebunden werden. Nach nur wenigen Tagen oder Wochen, werden sie Ihre echo(s) nicht missen wollen. Aus meiner Erfahrung kann ich sagen: entweder man liebt die kleinen Geräte oder man wird einfach nicht warm mit Ihnen; - ein Zwischending gibt es einfach nicht.

In diesem Sinne wünsche ich Ihnen viel Spaß und Freude mit diesem Buch und Alexa.

Kapitel 1 – Die Echo Familie und Alexa

Als Amazon im Juni 2015 den ersten echo in den USA lunchte war vielen sicherlich nicht klar, welch großartiger Erfolg wohl dieser kleine smart Speaker werden würde. Vielleicht nicht einmal Amazon selbst. Ich selbst kann mich noch gut daran erinnern, wie ich wartete, dass dieses Gadget auch offiziell in Deutschland zur Verfügung stehen würde – zu gut klangen damals die Versprechungen Amazons und auch die einschlägigen Tech-Blogs in den USA konnten gar nicht aufhören positives zu schreiben. Um so glücklicher war ich, als dann rund ein Jahr später (Oktober 2016) zwei Dot's vorbestellen konnte. (Bis etwa Anfang Februar, war es leider nur möglich per Einladung eine limitierte Anzahl von Geräten aus einem Kontingent von 10.000 Einheiten zu bestellen, auf deren Lieferung Kunden mehrere Wochen warten mussten.)

Die Echo-Familie

Amazon startete den Verkauf ursprünglich mit nur einer einzelnen Version (in Deutschland bereits in zwei Versionen) der echo-Geräte im Jahr 2015 – dem Amazon Echo. Ein Zylinder, etwas kleiner als eine Wasserflasche und ungefähr handtellergroß im Durchmesser. Eine USB Buchse. Das war alles. Heute ist die Geräte-Familie bereits deutlich angewachsen und es gibt derzeit rund 5 Geräte: mit raumfüllenden Klang, mit oder ohne Display, nur mit einem kleinen Lautsprecher dafür aber mit 3.5 mm Klinken-Buchse, mit ZigBee Interface oder einfach ohne. Wir sollten uns daher einmal genauer ansehen, welche verschiedenen Versionen es mittlerweile gibt. (Eins vorweg: ein offizielles Amazon Gerät mit Akku gibt es leider bis heute immer noch nicht.)

Der echo Dot (2. Gen.)

Das wohl minimalistischste und damit auch das günstigste Gerät für rund 50 €. Amazon preist diesen echo als „den echo für jeden Raum" an und tatsächlich erfüllt er genau diesen Zweck ziemlich gut. Günstig, bringt aber die gesamte Sprachsteuerung und Medienwiedergabe seiner größeren Geschwister mit und bleibt dabei handlich klein wie ein Puck. Der eingebaute Lautsprecher ist leider etwas blechern, verrichtet aber seinen Dienst in kleinen Räumen oder ruhiger Umgebung gut. Wem dies nicht ausreicht, kann den Dot spielend leicht an einen Bluetooth-Lautsprecher oder per 3,5 mm Audioklinke an eine Anlage anbinden. Neben diesen einfachen Möglichkeiten bietet der Dot seit einiger Zeit die Möglichkeit Sprachnachrichten und Gespräche zu ermöglichen (weitere Informationen hierzu finden sie weiter hinten in diesem Buch).

Das neue Amazon Echo (und Echo Plus)

Der große Bruder des Dot's oder besser gesagt der „normale" Echo. Im Gegensatz zum Dot bieten diese beiden Lautsprecher (welche im Übrigen untereinander nur an einer Stelle unterscheiden) zwei Lautsprecher im Zylinder und einen deutlich runderen und besseren Audio-Klang. Optisch integriert sich dieser besser in seine Umgebung und wirkt weniger wie ein Fremdkörper. Auch dieser echo bietet neben den eingebauten Lautsprechern die Möglichkeit via Bluetooth oder 3,5 mm Stereo-Klinke an Lautsprecher oder eine HiFi-Anlage angebunden zu werden. Ebenfalls möglich wie beim Dot sind Sprachnachrichten und Anrufe (siehe hierzu weiter hinten).

Der Echo Plus unterscheidet sich zu regulären Echo nicht nur im Preis, sondern bringt auch eine etwas veränderte

Hardware mit sich: einen ZigBee Hub, welcher verwendet werden kann, um ZigBee kompatible Geräte direkt mit dem Echo zu steuern im Rahmen einen SmartHomes. (Für nähere Informationen zum Thema SmartHome schauen Sie bitte weiter hinten in diesem Buch – Sie werden hier einen gesonderten Abschnitt zum Thema Interkonnektivität und SmartHome finden.)

Das Echo Spot

Das Echo Spot ist eines der beiden aktuell verfügbaren Geräte mit Display. Und alleine dies ist schon mal ein Alleinstellungsmerkmal. Neben seinem Hochtonlautsprecher bietet dieses Gerät mit einer Kamera und einem 2,5 Zoll Display einige gegenüber den bisher vorgestellten Modellen. Auch dieses Gerät kann wieder via Bluetooth und 3,5 mm Stereo-Klinke an Audioanlagen angeschlossen werden, Audio Medien abspielen und mit Sprachnachrichten umgehen.

Durch die eingebaute Kamera und das Display sind hier aber noch weitere Möglichkeiten gegeben: Dieses echo-Gerät kann nicht nur mit Sprachnachrichten und Anrufen umgehen, sondern auch mit Videoanrufen, sofern der andere Kommunikationspartner dies unterstützen kann. Auch lassen sich mit diesem Modell Videos aus Amazon Videos abspielen.

Das Echo Show

Das Echo Show ist derzeit das letzte Modell in der Produktfamilie von Amazon und mit Abstand jenes welche die größten Ausgaben von seinem Käufer verlangt mit derzeit etwas über 200€. Wenn man diese Preisklasse hört, dann sollte das Gerät auch einiges können und dies kann es auch:

Auch hier finden wir wieder ein Gerät mit zwei Stereo-Lautsprechern wieder, die zusammen mit einen 7 Zoll-Display und einer Frontkamera gepaart wurden. Mittels dieser Hardware ist es möglich Videos zu schauen von Amazon Video, Video- und Sprachanrufe zu tätigen, Medien wie bei den vorherigen Modellen wieder zu geben. Allerdings ist hier hervorzuheben, dass der Show als einziger Echo keinen 3,5 mm Klinkenausgang besitzt – schade eigentlich, denn somit ist nur das Koppeln via Bluetooth Lautsprecher möglich.

Ist das alles und welchen soll ich nun erwerben?

Die Antwort auf die erste Frage ist schnell beantwortet mit einem klaren Ja/Nein! Amazon selbst bietet keine weitere Gräte mit Alexa Anbindung an außerhalb Nordamerikas an, allerdings hat Amazon die Alexa Anbindung für Dritt-Hersteller geöffnet, so dass es mittlerweile dutzende weitere Geräte mit Alexa-Unterstützung gibt. Leider würde es allerdings den Rahmen dieses Buches sprengen auch auf diese Geräte einzugehen.

Was die Kaufentscheidung angeht, so ist diese nicht ganz einfach zu beantworten. Jedes der Modelle hat seine Daseinsberechtigung und seinen Anwendungsfall. Mein genereller Rat wäre immer wie folgt: wenn Sie vorhaben ein echo-Gerät als zentrale Schnittstelle für Ihr SmartHome zu verwenden und dieses weitestgehend auf dem ZigBee Protokoll aufbauen soll – so verwenden Sie den Echo Plus. Der kugelige echo Spot macht ordentlich was her auf dem Nachttisch als smarter „Radiowecker". Der Show wiederum kann perfekt in eine Küche passen, wo er neben Audio auch gleichzeitig noch Rezepte anzeigen lassen kann. Wie Sie sehen, kommt es immer drauf an, was Sie vor haben mit dem jeweiligen Gerät zu bewerkstelligen. Ich hoffe, ich konnte Ihnen schon einen kleinen Vorgeschmack geben, was möglich ist und was nicht mit den jeweiligen Gräten. Wir werden aber im Laufe des Buches immer wieder Anwendungsszenarien sehen.

Die Inbetriebnahme eines neuen Echos

Sie haben sich, also ein neues Gerät gekauft oder nehmen vielleicht ein weiteres Gerät in Betrieb. In diesem Abschnitt werde ich Ihnen zeigen, wie Sie ein neues oder weiteres echo-Gerät in Betrieb nehmen und in Ihr Netzwerk integrieren können. Dabei ist die Installation einfach und geht zügig von der Hand. Das einzige was Sie benötigen ist ein Smartphone, die Alexa-App für Ihr Smartphone und die Zugangsdaten zu Ihrem Netzwerk. Klingt doch eigentlich nicht nach so viel oder? (Auf die Alexa-Apps werde ich weiter unten noch genauer eingehen. Derzeit reicht es vollkommen, wenn ich Ihnen zeige, wie Sie das Gerät einrichten können.)

Ein (weiteres) Echo Gerät einrichten

Wie ich bereits oben angedeutet habe geht die Einrichtung eines (weiteren) Gerätes zügig von der Hand und sie benötigen hierzu auch nur Ihr Smartphone.

Um das Gerät hinzuzufügen, gehen Sie wie folgt vor:

1. Starten Sie die Alexa-App auf Ihrem Smartphone
2. Navigieren Sie zu Einstellungen im Menü links und wählen dann „Ein neues Gerät hinzufügen" aus
3. Folgen Sie den Anweisungen in den folgenden Dialogen: Während des Einrichtungsprozesses werden einige Daten von Ihnen abgefragt – unter anderem welche Sprache verwendet werden soll und die Zugangsdaten zu Ihrem heimischen drahtlosem Netzwerk. Aber auch um welches Gerät es sich handelt.

Habe ich Ihnen zu viel versprochen? Wie Sie sehen ist es wirklich einfach und schnell und sollte Ihnen zügig von der Hand gehen.

Sollte es zu Komplikationen während des Einrichtungsprozesses kommen, verwenden Sie die eingebaute Hilfefunktion. In der Regel sollten Sie hier entsprechende Hilfe erhalten.

Die Alexa-Apps

Neben der Sprachsteuerung wird die Konfiguration vornehmlich über die beiden Alexa-Apps vorgenommen: die App für mobile Geräte, wie Ihr Smartphone und die Webapp, welche Sie von jedem Browser aus erreichen können. – Die App für mobile Geräte steht selbstverständlich in den entsprechenden App-Stores für Android und iOS zum Download kostenlos bereit. Neben der simplen Konfiguration Ihrer echo-Geräte können Sie im Übrigen die Apps auch verwenden um aus der Ferne mit Ihren echo-Geräten zu kommunizieren.

Um die Webapp zu starten, müssen Sie die Webseite https://alexa.amazon.de öffnen und können sich dort mit Ihren regulären Amazon Login-Daten einloggen. Der Vorteil hier ist, dass Sie sehr bequem den vollen Funktionsumfang der Oberfläche nutzen können auf einem größeren Display. Sehr von Vorteil ist dies zum Beispiel, wenn Sie nach Skills suchen und diese installieren wollen.

Das Sprachinformations- und Assistenzsystem Alexa

Alexa wurde ursprünglich gar nicht direkt für die echo-Familie entwickelt, sondern fand schon Verwendung auf dem FirePhone und den FireTVs – hier jedes Mal allerdings ausgelöst durch einen Kopfdruck. Zu dem damaligen Zeitpunkt stellte Alexa eine Alternative zum Sprachassistenzsystem Siri da, wenn auch nicht so mächtig.

Als die Entwicklung eines smarten Lautsprechers im Hause Amazon angeschoben wurde, wurde schnell klar das eine Benutzersteuerung für diesen Lautsprecher benötigt werden würde, welche eben nicht andauernd auf ein Smartphone oder Tablet aufbauen dürfe, denn seien wir einmal ehrlich: Wie oft möchten Sie Ihr Smartphone benutzen damit sich die ausgegebenen Inhalte auf dem Lautsprecher ändern? Und genau in dieser Stunde schlug Alexas große Stunde: ein einfaches Sprachsystem das die Steuerung übernehmen kann.

Im Grunde genommen ist Alexa nichts Weiteres, als ein Sprachinterface um bestimmte Daten abzurufen. Auf um so mehr Daten Alexa zugreifen kann um so ausführlicher können die (teils) aufbereiteten Daten Ihnen präsentiert werden. Ein Beispiel:

Alexa ist verbunden mit Ihrem Kalender & ToDo-Liste, dem Standort und ihrem Kalender. Sie weiß, wo sie arbeiten – an dieser Stelle könnte Ihnen Alexa allmorgendlich eine kleine Zusammenfassung geben welche Termine sie heute haben, ob mit Stau auf dem Weg zu Arbeit zu rechnen ist, ob sie einen Regenschirm benötigen werden und dass sie zum Beispiel auf dem Heimweg Milch einkaufen sollten.

Klingt nicht wild? An dieser Stelle wird Alexa bzw. Ihr echo zu Ihrem persönlichen Assistenzsystem, dass Ihnen eine nette kleine Tagesübersicht bieten kann. Natürlich könntet diese auch individueller ausgelegt sein oder weitere

Informationsquellen anzapfen, ganz nach Ihrem persönlichem Geschmack. (Wie sie dieses und andere Sachen anpassen können verrate ich Ihnen im nächsten Abschnitt.)

Wir können also zusammenfassen, dass es sich bei Alexa um ein System handelt, welches primär durch Sprache Befehle entgegennimmt und entweder Informationen zurückliefert oder Aufgaben ausführt. Klingt nicht aufregend, ist es aber wie sie sehen werden.

Alexa Skills

Sie haben gerade bereits erfahren, dass Alexa nur so gut ist, wie Ihre Informationsquellen, von daher bietet es sich an Sie an dieser Stelle auch mit dem Konzept von Skills vertraut zu machen. Alexa kann nahezu beliebig erweitert werden, in dem Sie Plug-ins – sog. Skills – nachinstallieren. Ein Skill erzählt dem Alexa-Service auf Ihren Echos wie bestimmte Daten abgerufen werden können und wie diese verarbeitet werden sollen. Des Weiteren beinhaltet jeder Skill, auch die einzelnen Befehle auf welche Alexa als Assistenzsystem reagieren wird.

Lassen Sie uns exemplarisch einen Skill installieren und diesen anschauen:

Öffnen Sie auf Ihrem Mobilgerät die Alexa-App, die Ich Ihnen bereits weiter oben vorgestellt habe und klappen sie das Menü auf der linken Seite auf. Der vierte Eintrag von unten heißt Skills, öffnen sie diesen Reiter hier werden sie alle Skills verwalten können. Suchen Sie nun nach dem Skill „Tagesschau in 100 Sekunden". Sobald Sie den Skill gefunden haben können sie auf die Schaltfläche: Skill aktivieren klicken und Ihr Echo kann nun mit diesen Daten arbeiten. Analog finden Sie bei einem bereits installiertem Skill die Möglichkeit „Skill Deaktivieren".

Wenn Sie die Tageschau in 100 Sekunden Skill wie vorgeschlagen installiert haben, so werden Sie auf dessen Skill Seite sehen, dass entweder bestimmte Befehle erweitert wurden oder neue hinzugefügt wurden. In diesem Fall ist es:

- „Alexa, was ist meine tägliche Zusammenfassung"
- „Alexa, was sind die Nachrichten"

Eine umfangreiche Liste mit Alexa-Befehlen finden sie am Ende des Buches im Anhang.

echosim.io – echo Simulator im Browser
Sie möchten Skills ausprobieren, ohne den betreffenden Skill auf einem echo-Gerät zu installieren oder wollen auf Skills nicht verzichten, wo kein echo-Gerät vorhanden ist? Kein Problem, nutzen Sie doch einfach http://echosim.io! Bei echosim.io handelt es sich um einen echo-Simulator, der während eines sog. Hackatons von Sam Machin vorgestellt wurde.

echosim.io ist keine vollständige Alternative zu einem echo-Gerät, denn der Simulator kann nur Befehle entgegennehmen oder Fragen beantworten. Außerdem muss jedes Mal mit dem der Software-Mikrofon-Button gedrückt werden. Probieren Sie es einfach mal aus. Der Simulator steht jedem kostenlos zur Verfügung und kann nach Belieben genutzt werden.

Shopping mit Alexa

Welch Wunder man kann mit den Echos auch direkt bei Amazon einkaufen. Natürlich ist das mitunter ein Versuch von Amazon einen höheren Absatz zu generieren und ein möglichst angenehmes Einkaufserlebnis für Kunden zu kreieren.

(Achtung diese Funktion steht nur auf Geräten der echo-Familie zur Verfügung! Des Weiteren benötigen Sie eine gültige Amazon Prime-Mitgliedschaft.)

Grundsätzlich ist der Einkauf bei Amazon (Deutschland) unproblematisch möglich, soweit Sie eine Lieferanschrift/Rechnungsadresse und ein deutsches Bankkonto hinterlegt haben. Auch hier werden die Bestellvorgänge über die Spracheingabe getätigt mit simplen Befehlen, welche sich gut merken lassen (die Einrichtung eins speziellen Skills ist hier nicht notwendig). Mittels

- „Alexa, <Produkt> bestellen."
- „Alexa, <Produkt> erneut bestellen"

Bestellen Sie direkt ein Produkt via Amazon. Zu beachten ist hier, dass der erste Befehl ein Produkt bestellt. Sollten Sie dabei keinen Markennamen wählen, so selektiert Amazon für Sie ein entsprechendes Produkt aus Amazon Choices - das muss nicht immer, das preisgünstigste sein. Zu Veranschaulichung einmal die Bestellung von Waschmittel:

- „Alexa, bestelle Waschmittel" und
- „Alexa, bestelle <Markenname>"

Sind nicht dieselbe Bestellung. Beim Ersten würde Alexa generisch anhand der Produktbezeichnung ein Waschmittel aus Amazon Choices bestellen. Beim zweiten Mal ein bestimmtes.

Auf diese Art ist es möglich alle Produkte, welche via Prime bestellbar sind zu ordern. Alle anderen Waren sind leider nicht möglich. Sollten Sie sich entschieden haben, Alexa etwas „erneut" bestellen zu lassen, so wird sie Ihren Bestellverlauf durchforsten und versuchen anhand dessen ein Produkt zu bestellen.

Jedes Mal, wenn Sie etwas bestellen, wird Alexa Sie direkt im Anschluss fragen ob Sie diese Bestellung tatsächlich tätigen möchten. Diese Frage können sie mit Ja oder Nein beantworten.

Im Gegensatz zum direkten bestellen, offeriert Amazon noch einen dritten Weg um Bestellungen zu tätigen, nämlich:

- „Alexa, füge <Produkt> zu meinem Einkaufswagen hinzu"

Der Unterschied hier ist, dass tatsächlich das entsprechende Produkt dieses Mal „nur" Ihrem Einkaufswagen hinzugefügt wird und dort liegen bleibt, bis sie den Einkauf in der Amazon App oder auf der Webseite abschließen.

Sollten Sie einmal versehentlich eine Bestellung durchgeführt haben, so können Sie eine Bestellung direkt danach auch mittels folgendem Befehl stornieren:

- „Alexa, storniere meine Bestellung"

Spracheinkauf deaktivieren
Wer Kinder hat, oder wem der Spracheinkauf nicht geheuer ist, kann natürlich auch den sog. Spracheinkauf via Alexa-App auf dem Smartphone deaktivieren. Hierzu öffnen Sie das Menü auf der linken Seite und navigieren zu dem Reiter „Einstellungen". Anschließend erreichen Sie über den Reiter „Spracheinkauf" die Einstellungen zum Spracheinkauf und können dort auch diesen deaktivieren.

Kindersicherung des Echos

Ein großes Manko derzeit ist, dass die echo-Geräte leider nicht erkennen können, wer mit ihnen spricht. Das heißt, die echo-Geräte können nicht unterscheiden ob ein Kind mit ihnen spricht, Freunde oder ihre Besitzer.
Dies kann mitunter recht ärgerlich werden, wenn man den Spracheinkauf nicht deaktiviert hat. Glücklicherweise hat hier Amazon mitgedacht und bietet wenigstens für den Spracheinkauf an, einen vierstelligen Code als Pin zu

vergeben, welcher via Spracheingabe eine Bestellung freischalten kann. Und so geht's:

Öffnen Sie die Alexa-App und navigieren Sie über das Menü links erst zu den Einstellungen und dann zu den Spracheinkauf-spezifischen Einstellungen.
Sofern der Spracheinkauf nicht deaktiviert ist, werden Sie eine Option finden, um einen vierstelligen nummerischen Code einzugeben.
In der Zukunft werden Sie jedes Mal nach dem zuvor festgelegtem Code gefragt werden um einen Spracheinkauf zu genehmigen. Aber Achtung: der Code wird per Sprachkommando eingegeben und erscheint dadurch jedes Mal auch mit im Befehlsverlauf der echo-Geräte. – Sie sollten also weiterhin auf Ihr Smartphone achten.

Tipp: Alexa redet Ihnen zu viel? – Der Brief Mode

Wahrscheinlich haben Sie schon eine ganze Menge mit Ihrem Echo gemacht und ausprobiert. Und sicherlich ist Ihnen auch schon aufgefallen, dass Alexas Status Mitteilungen ein wenig arg lang sind. Dies kann bisweilen recht anstrengend werden und viele User haben sich in der Vergangenheit über dieses Verhalten Beschwerde, sodass Amazon begonnen hat, eine neue Funktion auszurollen: den Brief-Mode:
Öffnen Sie die Alexa-App und navigieren Sie in die allgemeinen Einstellungen über das linke Menü → Einstellungen → Allgemeine Einstellungen
Dort finden Sie die Option „Alexa Voice Responses". Wählen Sie diese aus und aktivieren (oder deaktivieren) Sie den Brief Mode.
In Zukunft wird sich nun Alexa bei Statusmeldungen etwas kürzer halten und gerne auch mal nur mit einem „OK" und einem Blink des Statusringes den Befehl quittieren.

Preview: einfaches Intercom im eigenen Haus

In vielen Haushalten bleibt es nicht nur bei einem Echo Gerät über kurz oder lang. Der Komfort, welcher durch ein echo-Gerät geboten werden kann, ist schon enorm hoch. Selbst wenn „nur ein Dot als Internetradio" verwendet wird, so sammeln sich die Geräte an. Amazon wäre nicht Amazon, wenn sie dies natürlich nicht erkannt hätten und veröffentlicht derzeit ein neues Feature (leider bis Druck dieses Buches nur in Nordamerika – sprich Kanada und den USA), das wahrscheinlich auch Haushalten mit Kindern zugutekommen wird: Alexa Boradcast-Announcements.

Hierbei handelt es sich um einen Service, der es ermöglicht von einem echo-Gerät zu allen andere echo-Geräten in einem Haushalt kurze Sprachnachrichten zu senden. – Ganz einer einfachen Lautsprecheranlage. Praktische Sache! Besonders, wenn Sie in einem Haus mit mehr als einem Stockwerk leben, kann die Möglichkeit eines einfachen Intercoms enorm hilfreich sein. Um die Funktionalität zu nutzen gehen Sie wie folgt vor:

- *„Alexa, Broadcast" oder „Alexa, Announcement" als Befehl nutzen, um Alexa in den entsprechenden Modus zu versetzen.*
- *Das echo-Gerät ist nun im Aufnahmemodus. Sprechen Sie Ihre Nachricht.*
- *Der Echo wird nun mit einer kurzem Signalton auf sich aufmerksam machen und dann die Nachricht auf allen Echos abspielen.*

Kapitel 2 – Alexa als Produktivitäts- und Assistenztool

Im vorhergehenden Kapitel haben Sie die Grundlagen in der Nutzung mit Alexa und den echo-Geräten bereits kennen gelernt. Auch konnten Sie an einigen Stellen bereits sehen, dass mächtige Funktionen zur Verfügung gestellt werden, welche Sie für sich nutzen können.

In diesem Kapitel soll es nun mehr darum gehen, Ihnen Alexa und die echo-Familie als Produktivitätstool im Alltag näher zu bringen. Wir werden uns unter anderem anschauen, wie Sie Kalender und Kontakte für Alexa verfügbar machen, aber auch wie Sie Ihre Motivation steigern können oder Reiseinformationen verfügbar machen. Darf ich vorstellen: Ihre neue persönliche Assistentin, Alexa!

Im Rahmen dieses Kapitels werden Ihnen aber auch einzelne Skills vorgestellt, die unter Umständen für Sie nützlich sein können.

Anbindung externer Daten

Unter der Anbindung von externen Daten verstehen wir hier erst einmal Adressbücher und Kalender. Hiermit wird uns schon vieles erleichtert.

Anbindung von Kalendern & deren Nutzung

Kommen wir als erstes zu den Kalendern[1], hier war Amazon recht freundlich und unterstützt relativ viele der bekannten Cloud-Anbieter. Zu der Liste der Anbieter gehören:

- Apple iCloud Kalender
- Google Mail und G-Suite Kalender[2]
- Microsoft Office 365 Kalender
- Microsoft Outlook.com Kalender

Erfreulicherweise sollten den meisten Nutzern damit geholfen sein. Die Einrichtung der Kalender auf den echo-Geräten ist nicht sonderlich schwierig und geht zügig von der Hand und kann sowohl in der mobilen App als auch in der Webapp erfolgen:

- *Über das linke Hauptmenü zu den Kalendern navigieren: Einstellungen → „Alexa Einstellungen" → Kalender*
- *Den gewünschten Kalender Provider auswählen*
- *Den Bildschirmanweisungen folgen und an der richtigen Stelle die eigenen Login-Daten eingeben*
- *Haben sie mehr als ein Konto angegeben, so können Sie nun noch auswählen, welcher Kalender bevorzugt werden soll.*

→ **Tipp**: sollten Sie die Echo-Familie und Alexa in einer Familie verwenden, so empfehle ich Ihnen einen „Familien"-Kalender zu verwenden. Hierbei handelt es sich um einen sogenannten geteilten Kalender, welcher mit allen Mitgliedern Ihrer Familie oder Ihres Haushaltest geteilt wird.

Für die Nutzung des Kalenders gibt es ebenfalls eine Hand voll Befehle um Kalendereinträge zu erstellen und abzufragen. **Achtung:** derzeit ist das Löschen von Kalendereinträgen nur auf dem Echo Show möglich, da hier eine visuelle Bestätigung erforderlich ist.

Aber schauen wir uns doch zuerst einmal an, wie Termine erstellt werden können:

---

[1] Ich weiß ja nicht, wie es bei Ihnen persönlich ausschaut, aber bei mir geht rein gar nichts ohne Kalender. Dadurch, dass ich meine Kalender an die Services von Alexa anbinden kann haben ich einen deutlichen produktivitäts-Boost erfahren.
[2] Bei G Suite handelt es sich um die Google Tools für Unternehmen.

- *„Alexa, füge meinem Kalender einen Termin hinzu"* An diesem Punkt wird Alexa Sie in einen Dialog verwickeln und alle nötigen Daten für diesen Termin von Ihnen erfragen
- *„Alexa, füge <Name des Termin> für <Wochentag/Datum> um <Uhrzeit> meinem Kalender hinzu* In dieser Version erzeugt Alexa direkt einen Termineintrag ohne Sie nach den Details zu fragen.

In beiden Versionen der Termineingabe wird Alexa Ihnen nochmals die Termindetails mitteilen, und Sie darum bitten, diese Daten zu bestätigen oder gegeben falls zu korrigieren.

Um Ihren Kalender abzufragen gibt es natürlich auch Befehle:

- *„Alexa, was ist mein nächster Termin"*

Alexa wird Ihnen Ihren nächsten Termin mitteilen

- *„Alexa, was steht für <Wochentag/Datum> auf meinem Kalender"*

Alexa wird Ihnen zu dem entsprechenden Datum alle Termine präsentieren

Weiteres Arbeiten mit Kalendern

Neben dem reinen Anbinden von Kalender und simplen Abfrage-Möglichkeiten, gibt es auch noch zahlreiche weitere nette Skills, die uns im Arbeitsalltag mehr oder minder nützlich sind. Zwei von diesen beiden Skills möchte ich Ihnen an dieser Stelle vorstellen:

Skill-Empfehlung: Kalender-Rechner

Wer verschiedenste Berechnungen auf dem aktuellen Kalender benötigt, ist mit dem Kalender Rechner immer gut beraten, denn dieser Skill kann von einem Start-Datum zu einem End-Datum die Tage, Wochen, Monate und Jahre berechnen. So können sich zum Beispiel frisch gebackene Eltern sagen lassen, welches Alter Ihr Kind derzeit in Wochen hat:

- *„Alexa, frage Kalender-Rechner nach den Kalendertagen bis zu <Datum>"*

wird Ihnen mitteilen wie viele Tage noch bis zu dem Datum sind.

- *„Alexa, öffne Kalender-Rechner und berechne die Dauer vom <Datum> bis zum <Datum> in <Tagen/Wochen/Monaten/Jahren>"*

Alexa wird Ihnen hier mitteilen wie lange die angegebene Zeitspanne sein wird.

- *„Alexa, öffne Kalender-Rechner und berechne die Anzahl an Tage/Kalenderwochen/Monate/Jahre seitdem <Datum>"*

Alexa wird Ihnen hier mitteilen, wie viele Tage/Wochen/Monate/Jahre seit dem angegebenen Datum vergangen sind

Skill-Empfehlung: Schwarzer Werwolf

Hat der vorherige Skill noch sehr viele reale Anwendungsbeispiele, so muss man bei dem nächsten die Augen ein klein wenig zudrücken und schmunzeln. Aber dennoch soll dieser Skill hier vorgestellt werden, da auch hier sehr nützliche Dinge zu erfahren sind. Der Skill mit dem Namen „Schwarzer Werwolf" soll eigentlich über die „aktuelle Werwolfgefahrenlage" informieren, da allerdings hier nur die einzelnen Mondphasen betrachtet werden, nützt dieser Skill außerordentlich, wenn man an dieser Stelle Informationsbedarf hat:

- „Alexa, öffne Schwarzer Werwolf"
- „Alexa, frage Schwarzer Werwolf nach dem Vollmond"

Hier wird Ihnen Alexa mitteilen, wann der nächste Vollmond sein wird.

- „Alexa, frage Schwarzer Werwolf nach der Gefahrenlage"

sollten Sie sich für diesen Befehl entscheiden, so wird Ihnen Alex freilich einen aktuellen Bericht der Gefahrenlage präsentieren

Anbindung von ToDo Listen

Wir haben bis hierhin unsere Kalender verfügbar gemacht und Alexa teilt uns gerne mit wie es um diesen ausschaut. Nun arbeiten aber viele von uns gerne mit Listen oder genauer gesagt mit ToDo-Listen.

Leider zeigt sich hier Amazon nicht ganz so kooperativ und die bereits weiter oben aufgeführten Provider für Kalender werden allesamt nicht unterstützt. Die derzeit unterstützten Anbieter sind:

- Any.do
- Anylist
- Todoist

Zu jedem der drei Provider muss jeweils ein Skill installiert werden (via mobiler App oder Webapp unter https://alexa.amazon.de). Danach stehen die Listen auch Alexa zur Verfügung. Möchte man diese nicht nutzen so gibt es noch die Möglichkeit die beiden Alexa internen Listen „To-

Do-Liste" und „Einkaufsliste" zu verwenden. An dieser Stelle bleibt zu hoffen, dass Amazon einsichtiger wird und auch Listen der oben genannten Kalender-Provider in Zukunft unterstützen wird.

Nutzung der Alexa Listen „Einkaufsliste" & „To-Do-Liste"

Sollte man sich entschieden haben die beiden Alexa internen Listen „Einkaufsliste" & „To-Do-Liste" zu verwenden, so ist es nicht nötig einen extra Skill zu installieren und Sie können unkompliziert auf diese Listen wie gewohnt über einen einfachen Sprachbefehl zugreifen:

- *„Alexa, was steht auf meiner Einkaufsliste/To-Do-Liste"*

Ausgabe aller Einträge auf der jeweiligen Liste.

- *„Füge <Produkt> auf meine Einkaufsliste"*

fügt ein Produkt der Einkaufsliste hinzu

- *„Setze <Aufgabe> auf meine To-Do-Liste"*

setzt eine Aufgabe auf die To-Do Liste.

Um entsprechende Einträge von den Listen zu löschen kann dies komfortabel auf dem Echo Show oder in der Alexa-App erfolgen.

Nutzung von Any.do, Anylist, und Todoist

Sollten Sie sich entscheiden, zusätzlich oder anstatt zu den Alexa internen Listen, einen der drei externen ToDo-Listen Provider zu nutzen möchte ich Sie natürlich auch an dieser Stelle unterstützen. Wie bereits beschrieben muss hierzu jeweils einer der passenden Skills installiert werden. Dies geht einfach aus den beiden Alexa-Apps (mobile App und

Webapp), wenn sie zu → Einstellungen → „Alexa Einstellungen" → Listen über das Hauptmenü navigieren. Dort wird Ihnen auch bei jedem ToDo-Listen-Skill die Möglichkeit angeboten diesen zu installieren.

- Any.do ist eine einfache Listen-Verwaltung, welche auch nur einen einzelnen Befehl zu Verfügung stellt:

„Alexa, füge <Listeneintrag> zu meiner <Listenname> zu"

fügt einen weiteren Eintrag der jeweiligen Liste hinzu und synchronisiert diesen mit dem Any.do Account.

- AnyList ist fast noch einfacher gestrickt als Any.do: einfach den Skill aktivieren und mit dem folgenden Befehl Produkte auf eine Einkaufsliste schieben:

„Alexa, trage <Produkt> in meine Einkaufsliste ein"

Dieser Befehl trägt automatisch einen neuen Eintrag auf die AnyList Einkaufsliste und synchronisiert diesen mit dem AnyList Account.

- Todoist: auch hier herrscht wieder ein einfaches Prinzip bei der Nutzung. Wie bei den beiden anderen genannten List-Providern,
  so wundert es auch nicht, dass die Befehle äquivalent sind und hier nicht extra aufgeführt werden müssen.

Skill-Empfehlung: Grundgesetz & Rechtsdatenbank

Wie Sie gesehen haben, ist es einfach mit ToDo Listen und Kalender zu arbeiten, so dass der Alltag deutlich erleichtert werden kann. Aber manchmal möchte man doch etwas genauer Einblick in die aktuelle Rechtslage haben bei einem bestimmten Thema. An dieser Stelle springen drei ganz nützlich Apps in die Bresche und können Ihnen im Rahmen von Infotainment Auskünfte geben[3]: zum einen Handelt es sich um den Skill „Grundgesetz" und zum anderen um die Skills „Bürgerliches Gesetzbuch" und „Rechtsdatenbank". (Wie immer sind diese Skills einfach über die Alexa-Apps zu installieren.):

- *„Alexa, öffne Grundgesetz"*

öffnet den Skill und führt in einen interaktiven Modus

- *„Alexa, frage Grundgesetz wie der Artikel <Artikelnummer> lautet"*

Alexa wird Ihnen hierauf den entsprechenden Artikel und seinen Inhalt nennen.

- *„Alexa, öffne Bürgerliches Gesetzbuch"*

öffnet den Skill und führt in einen interaktiven Modus

- *„Alexa, frage Bürgerliches Gesetzbuch wie der Paragraph <Paragraphennummer> lautet"*

Alexa wird Ihnen hierauf den entsprechenden Paragraphen aus dem BGB vorlesen.

- *„Alexa, starte Rechtsdatenbank"*

---

[3] Bitte beachten Sie, dass diese Skills nicht die Rechtsberatung bei einem Anwalt ersetzen können und nur rein informativen Charakter besitzen.

öffnet den entsprechenden Skill in einem interaktiven Modus

- *„Alexa, frage Rechtsdatenbank nach Paragraph <Paragraphennummer> <Gesetzbuch>*

Alexa wird Ihnen hier den entsprechenden Paragraph aus dem passenden Gesetzesbuch vorlesen; derzeit stehen folgenden Bücher zur Verfügung:

- Allgemeines Bürgerliches Gesetzbuch (ABGB),
- Strafprozessordnung (STPO)
- Strafgesetzbuch (STGB)
- Zivilprozessordnung (ZPO)

- *„Alexa, frage Rechtsdatenbank nach Paragraph <Paragraphennummer> <Gesetzesbuchkürzel>"*

Alexa wird hier den entsprechenden Paragraphen vorlesen.

Skill-Empfehlung: Butleroy

Einige von Ihnen werden vielleicht schon den Service des österreichischen Startups "Butleroy" kennen, viele aber sicherlich auch noch nicht.

Bei Butleroy handelt es sich letztendlich um einen virtuellen Butler, der Ihnen helfen soll „Sachen" und Termine zu erledigen. So stellt der eigentliche Dienst eine Schnittstelle zu verschiedenen Dienste da.

Der größte Vorteil besteht allerdings darin, dass Butleroy einen Chatbot[4] betreibt, mit dessen Hilfe es sehr einfach ist ein

Meeting oder ein Treffen für mehrere Menschen zu planen. Im Grunde genommen können Sie Butleroy sagen, dass Sie sich diese Woche mit Ihren Freunden treffen möchten und die Software übernimmt den Rest für Sie.

Dieser Skill ist sehr mächtig in seiner Funktion und benötigt von daher auch einiges an Daten. Leider kann der Service derzeit nur mit Google-Kalendern umgehen für die Terminfindung. Auch Ihr Adressbuch sollte in die Google-Cloud hochgeladen und aktuell gehalten sein, damit Butleroy weitere Personen in einen Terminfindungsprozess einladen kann. Sie werden also zusätzlich noch Ihren Google-Account mit Butleroy verbinden müssen. Der Skill kann wie immer aus den beiden Alexa-Apps heraus installiert werden.

- *„Alexa, starte Butleroy"*

Dies wird den Skill starten und Sie mit einem interaktiven Dialog begrüßen.

- *„Alexa, sag Butleroy, ich möchte <Zeitpunkt> gerne mit <Kontakt> <Tätigkeit>"*

Hier wird Butleroy versuchen mit Ihrem genannten Kontakt einen Termin für die bevorzugte Aktivität zu finden

- *„Alexa, sag Butleroy, dass ich <Tätigkeit> muss.*

Hier versucht der Butleroy Dienst selbstständig einen Timeslot für die genannte Tätigkeit zu finden.

---

[4] Zu den unterstützten Instant-Messenger Diensten gehört beispielsweise der Facebook Messenger. Für weitere Informationen besuchen Sie bitte die Webseite von Butleroy.

Alexa for Business[5]

Sie wollen Alexa und Ihre echo-Geräte nicht nur daheim und privat einsetzen, sondern auch in Ihrem Geschäft? Nichts leichter als das.

Amazon hat dieses Bedürfnis erkannt und hat vor kurzem das „Amazon for Business"-Programm gestartet, welches Ihnen auch im Geschäft unter die Arme greifen soll. Zu den verfügbaren Funktionen gehören:

- Private Skills für Ihr Unternehmen (Nutzung der Business-APIs[6])
- Nutzung von gemeinschaftlich genutzten Geräten (Konferenzräume, Medienräume, etc.) und der Freigabe von Skills für diese
- Nutzung von personalisierten Geräten mit registrierten Nutzern – inklusive der Möglichkeit persönliche Skills auf die Geräte zu spielen
- Verwaltung und Nutzung von Audio- und Videokonferenzen

---

[5] Alexa for Business ist derzeit in der Region USA Ost (Virgina) verfügbar. Die Abrechnung erfolgt in USD. Ein Einsatz in Deutschland ist derzeit nicht möglich.
Informationen in deutscher Sprache können Sie unter https://aws.amazon.com/de/alexaforbusiness finden.
[6] Bei einer API handelt es sich um eine Schnittstelle von Diensten die Entwickler verwenden können um diese Dienste in Ihre Software zu integrieren.

Kapitel 3 – Medien: Musik, Video & Hörbücher/-spiele

Sie haben sich in den ersten beiden Kapiteln mit den grundlegenden Funktionen Ihrer echo-Geräte vertraut gemacht und haben auch erfahren, wie Sie Ihre Geräte produktiv im Geschäftsalltag einsetzen können. Aber kommen wir doch zu den schönen Dingen im Leben und schauen uns in diesem Kapitel an, wie Sie Medien über Ihren Echo abspielen können oder Ihren FireTV fernsteuern können.

Musik via Echo-Geräten wiedergeben

Musik ist immer ein Teil unseres Lebens, sei es Radio oder in Form von CDs und Streaming Angeboten. Und nichts ist nicht naheliegender als Musik auf einem smarten Lautsprecher[7] wieder zu geben. Von Hause aus werden verschiedene Dienste angeboten, ohne das weitere Skills installiert werden müssen. Zu diesen Diensten gehören:

- Amazon My Music[8]
- Amazon Prime Musik[9]
- Spotify
- TuneIn
- Deezer

---

[7] Sogenannte „smarte Lautsprecher" sind Lautsprecher welche deutlich mehr können als nur Musik abzuspielen.
[8] Unter Amazon My Music verbergen sich alle Lieder, welche Sie digital erworben haben oder bereits in Ihre Cloud-Bibliothek importiert haben.
[9] Für diesen Dienst ist einen aktive Amazon Prime Mitgliedschaft von Nöten

Wie Sie sehen können, ist das Angebot nicht zu verachten und die meisten sollten wahrscheinlich bereits einen oder mehreren der oben genannten Dienste in Anspruch nehmen. Beachten Sie bitte, dass die oben aufgeführten Dienste jeweils ein Benutzeraccount oder gar einen Premium-Account benötigen.

Um „Amazon My Music" und „Amazon Prime Music" nutzen zu können, müssen Sie nichts weiter unternehmen, denn diese Dienste sind bereit mit Ihrem Echo verbunden, seit Sie das Gerät mit Ihrem Amazon Account verbunden haben.

TuneIn, Spotify und Deezer mit Ihrem Alexa-Konto verbinden

Sie finden den Zugang zu diesen Diensten, wenn Sie über das Hauptmenü links auf den Bereich „Musik und Bücher" gehen. Um einen der drei Dienste zu verknüpfen, gehen Sie also zuerst auf „Musik und Bücher" und wählen dann den entsprechenden Dienst aus. Ihnen wird jeweils angeboten Ihr Alexa-Konto mit dem jeweiligen Dienst zu verbinden. Im Anschluss werden Sie jeweils durch einen Dialog geführt, welcher Ihnen bei der Einrichtung des jeweiligen Dienstes behilflich ist.

Befehle entnehmen Sie am besten der Übersicht im [Anhang dieses Buches](#).

Podcasts auf dem echo

Sie hören neben Musik auch Podcasts? Auch dies stellt für die Geräte der echo-Familie keine Hürde da – jedenfalls nicht, sofern der Podcast via TuneIn oder Spotify zur Verfügung steht. Die Podcasts werden dabei nicht auf Ihr echo-Gerät runtergeladen, sondern direkt aus dem Internet gestreamt. (Um einen oder beiden der eben genannten Dienste zu nutzen schauen Sie bitte in den Abschnitt TuneIn, Spotify und Deezer mit Ihrem Alexa-Konto verknüpfen nach.)

Sollte Ihnen dies nicht zusagen, so besteht noch die Möglichkeit Ihre Podcasts über dedizierte Skills zu hören, sofern dies der jeweilige Podcast-Betreiber anbietet.

Als weitere Alternative bleibt Ihnen aber auch der Weg offen, Podcasts in der von Ihnen bevorzugten App auf dem Smartphone abzuspielen und das echo-Gerät nur als Bluetooth-Lautsprecher zu verwenden.

Hörbücher von Audible und Kindle

Die große Stärke bei der Medienwiedergabe ihrer echo-Geräte liegt nicht nur bei der Musik oder echo-Geräte als (Bluetooth-)Lautsprecher nutzen zu können, sondern auch gerade dabei, dass Sie Ihre Audible und Kindle Bücher als Audiobücher genießen können – und dies ohne Mehraufwand.

Sowohl Ihre Kindle-Bibliothek als auch Ihre Audible-Bibliothek werden automatisch mit Ihrem Alexa-Konto verknüpft. (Dankenswerter Weise, denn Audible ist eine Amazon Tochter.)

Ihre Bücher können Sie in der Alexa-App unproblematisch über das Hauptmenü erreichen, wenn Sie in die Kategorie „Musik und Bücher" wechseln. Beim runterscrollen werden Sie sehen, dass es Einträge für Kindle und Audible gibt.

Ein Wermutstropfen bleibt allerdings, wenn Sie sich Kindle-Bücher vorlesen lassen. Leider wirkt die Sprache an einigen Stellen noch nicht wirklich natürlich und eher künstlich. Es bleibt aber zu hoffen, dass Amazon hier noch deutlich nachbessern wird.

Eine komplette Liste mit Sprachkommandos um die Wiedergabe von Hörbüchern zu steuern finden Sie im Anhang – hier wollen wir nur die wichtigsten zeigen:

- *„Alexa, lies <Buchtitel>"*

beginnt die Wiedergabe im Buch

- *„Alexa, mein Buch fortsetzen"*
- *„Alexa, nächstes Kapitel / vorheriges Kapitel"*

Alexa und der FireTV

Sie nutzen einen FireTV[10] oder mehrere FireTVs und möchten die Geräte per Sprachkommando fernsteuern, aber bitte nicht mit der Fernbedienung?

Ich hatte Ihnen ja bereits am Anfang des Kapitels versprochen, dass wir uns dieses Thema genauer anschauen werden. Vorbei sind die Zeiten an denen Sie zwanghaft die Mikrofon Taste auf der Fernbedienung ihrer FireTV drücken mussten um ein Sprachkommando nutzen zu können.

Leider gibt es noch zwei kleine Einschränkungen, damit Sie FireTV und Ihre echo-Geräte miteinander verbinden können:

1. beide Geräte müssen im selben Netzwerk sein und
2. müssen Sie auf beiden Geräten mit demselben Benutzerkonto eingeloggt sein.

Sie erfüllen bereits beide Bedingungen? Bestens, dann lassen Sie uns weiter fortfahren. Auch hier werden Sie die Konfiguration bequem über die Alexa-Apps durchführen.

---

[10] Von mir nicht getestet, laut quellen aber auch machbar: die Steuerung eines FireTV Sticks. Hierbei verfahren Sie genau so.

- Öffnen Sie die Web- oder mobile App und gehen Sie über das Hauptmenü links in die Einstellungen
- Wählen Sie jetzt die FireTV aus, welche sie konfigurieren möchten.
- Wählen sie die passende Zeitzone aus – in Deutschland wäre dies Europa/mitteleuropäische Normalzeit – der FireTV ist nun in der Alexa-App eingerichtet
- Als nächstes richten wir noch die Sprachassistenz ein: Gehen Sie über das Hauptmenü links auf den Eintrag „Musik und Bücher"
- Unter Videos sollten Sie nun alle konfigurierten FireTVs finden – es kann immer nur ein FireTV mit einem Echo-Gerät verbunden sein.
- Wählen Sie das entsprechende FireTV und das entsprechende Echo-Gerät aus und klicken dann auf „Verbinden". Die Einrichtung ist nun beendet.

Schauen wir doch einmal was Sie nun in Verbindung mit Prime Video machen können:

- *„Alexa, schaue <Titel>"*
- *„Alexa, spiele <Titel>"*

wird den entsprechenden Filmtitel aus der Prime Video Bibliothek starten.

- *„Alexa, suche nach <Suchbegriff>"*

durchsucht die Mediathek nach dem Suchbegriff

Echos für Multiroom-Audio

Sie haben mehr als ein echo-Gerät in Ihrem Haushalt und lieben die Wiedergabe von Medien über Ihre echo-Geräte? Sicherlich habe Sie sich schon einmal gewünscht, alle echo-Gerät oder auch nur einen Teil der Geräte synchron Medien wiedergeben zu lassen, ohne dass Sie die Wiedergabe per Sprachbefehl anstoßen müssen. Mittlerweile hat auch Amazon das Potential von Multiroom-Audio erkannt und dieses Feature mittlerweile per Software-Update für Ihre smarten Lautsprecher der echo-Familie bereitgestellt.

Im Grunde genommen ist die Einrichtung vergleichsweise einfach, denn Sie müssen die Geräte hierzu nur in eine gemeinsame Audio-Gruppe schieben. Leider gibt es eine Einschränkung: jedes echo-Gerät kann nur in exakt einer Audio-Gruppe sein. Sie sollten sich also vorher Gedanken darüber machen. Derzeit werden auch sämtliche in Deutschland kaufbaren Geräte für Multiroom Audio unterstützt.[11] Mit echo-Geräten lässt sich kostengünstig eine Multiroom-Lösung aufbauen. Um dies zu machen gehen Sie wie folgt vor:

- In der Alexa-App navigieren Sie über das Hauptmenü in die Rubrik „SmartHome"
- Dort wählen Sie „Gruppen" aus und klicken dann auf „Neue Gruppe"
- Im Anschluss wählen Sie „Multiroom Musik Gruppe" und geben im darauffolgenden Dialog einen Namen für diese Gruppe an und selektieren, welche Geräte Sie hinzufügen möchten.

Das ist es auch schon und Ihre erste Multiroom Audio Gruppe ist eingerichtet. Auch die Steuerung dieser Multiroom Gruppe ist denkbar einfach und geht intuitiv von der Hand:

- *„Alexa, spiele Musik im <Gruppenname>"*
- *„Alexa, Lautstärke im <Gruppenname> <Prozentzahl> leiser, bitte"*
- *„Alexa, Pausiere Musik im <Gruppenname>*

---

[11] Sollten Sie einen echo Connect aus den USA importiert haben, möchte ich Sie darauf aufmerksam machen, dass der echo Connect kein Multiroom Audio unterstützt.

Amazon war sehr spendabel was die Liste der unterstützen Streaming-Anbieter angeht und so liest sich diese Liste wirklich sehr angenehm:

- Amazon My Music
- Amazon Prime Music
- Amazone Music Unlimited (Einzel- und Familien-Abos)
- TuneIn
- Spotify[12]
- iHeartRadio (nur in den USA verfügbar)
- Pandora (nur in den USA verfügbar)
- Sirius XM[13]
- Connected Speaker API[14]

---

[12] Aktuell für Deutschland angekündigt
[13] Für die USA angekündigt
[14] Hierbei handelt es sich um eine Schnittstelle für Smart-Speaker Hersteller. Derzeit haben Denon, Marantz, HEOS, Sonos, Samsung und Bose angekündigt diese zu nutzen.

Kapitel 4 – Alexa und SmartHomes

Eines der spannendsten und mit Sicherheit auch umfangreichsten Themen, die im Rahmen der Nutzung von echo-Geräten auftauchen, ist die Nutzung als Schnittstelle für sog. SmartHomes. Der Markt wird derzeit geradezu überschwemmt mit unzähligen Systemen – meist Insellösungen[15], die in sich abgeschlossen sind und nur bedingt mit anderen System interagieren können. Aber was ist eigentlich ein SmartHome?

Bei einem sogenannten SmartHome handelt es sich um ein Haus oder eine Wohnung, die „intelligent" ist. Hierfür werden über unzählige Sensoren Messungen durchgeführt und verschiedene Geräte geregelt um den Komfort seiner Bewohner zu steigern und Energiekosten ggf. auch zu senken. Nebenbei sollen SmartHomes auch der Sicherheit beitragen, durch Sachen wie Anwesenheitssimulationen.[16]

Wir haben nun geklärt, was eigentlich ein SmartHome ist, aber wie genau funktioniert das jetzt eigentlich und vor allem, welche Rolle können die Geräte der echo-Familie hier spielen?

Für eine SmartHome Installation benötigen wir Software und Hardware-Komponenten: ersteres wird Alexa für uns bieten, zweites teilweise Ihr echo-Gerät. Sollten Sie noch kein echo-Gerät und auch noch keine smarten Geräte besitzen, so empfiehlt es sich an dieser Stelle einen echo Plus anstelle eines

---

[15] Bein einer Insellösung handelt es sich um Systeme, welche von Hause aus nicht dafür ausgelegt sind Systemen anderer Hersteller zu interagieren.
[16] Diese Definition ist sicherlich nicht vollständig und soll Ihnen auch nur eine Idee davon geben, was unter diesem Begriff verstanden wird.

echo zu kaufen. Der Vorteil eines echo Plus liegt hier darin, dass dieser bereits eine ZigBee Bridge verbaut hat, die zur Kommunikation mit Ihren smarten Geräten dienen kann.

Exkurs: Was ist ZigBee?

Bei ZigBee handelt es sich um einen Funkstandard auf dem 2,4 GHz Funk-Band, um Geräte untereinander zu vernetzen und zu steuern, ohne dabei die WiFi Signale Ihres (Computer-)Netzwerkes zu stören.

ZigBee-Netzwerke können nahezu beliebig groß gestaltet werden, brauchen so gut wie keinen Strom für die Kommunikation und können Befehle relativ schnell weiter geben an Kommunikationspartner. Moderne ZigBee Geräte agieren meist gleichzeitig auch als Repeater um das ZigBee-Netz zu stabilisieren und einen größeren Abdeckungsradius anzubieten. Für Heiminstallationen ohne Kabel verlegen zu müssen bietet sich diese Technologie wunderbar an.

Prominente Produkte die unter anderem auf ZigBee aufbauen sind das Philips Hue System, sowie Leuchtmittel von Osram und Lampen von Paul Neuhaus.

Der echo als SmartHome Zentrale

Egal ob Sie bereits eine SmartHome Installation in Ihrem Haus oder Ihrer Wohnung besitzen oder ganz neu in die Thematik einsteigen: mit einem echo-Gerät als Schnittstelle sind Sie bestens ausgerüstet, denn die Steuerung via Sprache ist äußerst bequem und einfach. Des Weiteren integrieren sich echo-Gerät einfach in viele Systeme und können diese Systeme auch gleichzeitig steuern. Egal ob es dabei nur um Beleuchtung handelt oder auch die Temperatur der Wohnräume geregelt werden soll – all dies und noch mehr können Sie mittels echo-Geräten steuern.[17]

Um smarte Geräte zu steuern, benötigen Sie in der Regel immer einen oder mehrere Skills, um die Verbindung zu den einzelnen Komponenten aufzubauen. Alleinig ZigBee Geräte benötigen nicht zwangsläufig einen eigenen Skill, sofern Sie einen echo Plus besitzen in Ihrem Haushalt. Mein persönlicher Rat: besonders in kleineren Installationen würde ich zu einem echo Plus greifen.

Schauen wir uns doch die einzelnen Komponenten für die SmartHome Steuerung auf einem echo an. Wie immer erfolgt hier in der Regel die Steuerung und Konfiguration über die Alexa-Apps. Die beiden Registerkarten für die SmartHome-Einstellungen in der Alexa-App finden Sie unter: „Routinen" und „Smart Home". Letzten Punkt werden wir uns zuerst ansehen.

Geräte und deren Steuerung

Um ein Gerät steuern zu können, muss dieses natürlich erst einmal mit Ihrem echo-Gerät verbunden werden. Klingt logisch oder? Um dies zu bewerkstelligen verbinden Sie netzwerkfähige Geräte mit Ihrem Netzwerk und konfigurieren diese laut den Herstellerangaben.

Im Anschluss durchsuchen Sie die verfügbaren Alexa Skills und suchen den passenden Skill für diese Geräte heraus. Es ist wichtig, dass Sie zuerst den Skill installieren, bevor Sie versuchen das oder die Geräte mit Ihren echo-Geräten zu koppeln, da Alexa sonst nicht weiß, wie mit dem Gerät umgegangen werden soll.

Der Skill zu den Geräten liefert nicht nur die nötigen Sprachbefehle, sondern auch zusätzliche Informationen wie mit den Geräten umgegangen werden soll.

---

[17] Alleinig HomeKit-fähige Geräte stellen hier ein kleines Problem dar. (Aber dazu weiter unten mehr.)

Für die restliche Einrichtung gehen Sie wie folgt vor:

- Konfigurieren Sie den aktivierten Skill, wenn nötig – manche Skills benötigen Login-Daten zu den Services des Herstellers.
- Über das Hauptmenü der Alexa-App navigieren Sie zu dem Reiter „Smart Home". Dort finden Sie drei Kategorien: Geräte, Gruppen und Szenen. Um ein neues Gerät hinzuzufügen öffnen Sie die Kategorie „Geräte". Hier werden alle Geräte aufgeführt, welche Ihren echo-Geräten bekannt sind. Sollten noch keine Geräte eingerichtet sein, finden Sie hier nur einen einzigen Punkt: „Gerät hinzufügen"
- Drücken Sie den „Gerät hinzufügen" Knopf und Alexa sucht nach erreichbaren Geräten (das Gerät sollte natürlich eingeschaltet sein und die Suche kann bis zu 20 Sekunden dauern). Alternativ können Sie auch das Sprachkommando *„Alexa, suche alle Geräte"* verwenden – das Ergebnis wird das Selbige sein.

Das war es auch schon, um ein Gerät zu Ihren echo-Geräten hinzuzufügen. Ich empfehle Ihnen im Übrigen möglichst einfache Namen für ein Gerät zu wählen, die aber das Gerät gut beschreiben. Dies erleichtert sowohl die Orientierung im Gerätekatalog als auch unvorhergesehene Schwierigkeiten, falls Alexa Sie einmal nicht verstehen möchte.

Nach dem Einrichten eines Gerätes, können Sie dieses unproblematisch via Sprachsteuerung nutzen. Eine ausführliche Liste mit Befehlen finden Sie auch hier wieder im Anhang, einige Beispiele möchte ich Ihnen aber doch noch zeigen:

- *„Alexa, schalte das Licht im <Raum Name> ein /aus"*
- *„Alexa, dimme das Licht in <Raum Name> auf <Prozentzahl> Prozent."*

Gleich zeigen ich Ihnen noch, wie sie ZigBee Geräte einem echo Plus hinzufügen.

Neue Geräte zu einem echo Plus hinzufügen

Wenn Sie ein neues ZigBee fähiges Gerät Ihrem echo Plus hinzufügen möchten und mit der Grundfunktionalität zufrieden sind, können Sie dieses Gerät auch direkt an Ihren echo Plus anbinden.

Grundfunktionalitäten sind die beiden Zustände „an" und „aus" sowie die Fähigkeit etwas zu dimmen (sofern dies das Gerät unterstützt) und eine Temperatur an einem Thermostaten zu stellen.

Um ein einfaches ZigBee-Gerät anzubinden ist es nicht zwingend erforderlich einen Skill zu installieren – Sie können darauf verzichten. Anschließend gehen Sie analog wie weiter oben beschrieben vor und drücken die Schaltfläche „Gerät hinzufügen" im Reiter Smart Home. Ihr echo wird nun nicht nur in Ihrem Netzwerk, sondern auch im ZigBee Netzwerk nach neuen Geräten zu suchen.

Wie Sie sehen ist auch hier die Einrichtung einfach und geht schnell von der Hand.

Mehrere Geräte gleichzeitig steuern – Gerätegruppen

Nun wird es schnell anstrengend sämtliche Geräte einzeln via Sprachkommando zu steuern. Wenn Sie zum Beispiel mehrere Leuchten in Ihrem Wohnzimmer haben, möchten Sie sicherlich nicht immer alle Leuchten einzeln ansteuern, sondern auch alle oder einen Teil, wenn Sie einfach Licht möchten. Um dies realisieren zu können gibt es ein einfaches Werkzeug in Ihrer echo-SmartHome-Steuerung: Gruppen!

Gruppen sind logische Gruppierungen von Geräten und können theoretisch beliebig viele smarte Geräte (und Szenen – hierzu später mehr) enthalten um diese als Kollektiv zu steuern.

Hierbei kann eine Gruppe einen Raum, ein Stockwerk, einen bestimmten Typus von Gerät oder was immer Ihnen in den Sinn kommt darstellen. Sie werden sicherlich in der täglichen Nutzung feststellen, dass Sie öfter mit Gruppen als mit Einzelgeräten arbeiten werden, schlicht da es praktischer ist.

So viel zur grauen Theorie, nun lassen Sie uns doch einfach schnell eine Geräte-Gruppe erstellen:

- Navigieren Sie über das Hauptmenü zu folgendem Menüpunkt:
  Hauptmenü → Smart Home → Gruppen → Gruppe hinzufügen
- <u>Anders als für Audio Geräte</u> wollen Sie hier natürlich nicht den Eintrag „Amazon Multiroom Musik-Gruppe" auswählen, sondern wählen hier den Menüpunkt „Smart Home-Gruppe" aus.
- Im folgenden Dialog wählen Sie einen Namen für diese Gruppe und selektieren, welche Geräte und Szenen Sie einer Gruppe zuweisen.

Tipp: Wenn Die Gruppe einen Raum präsentiert, sollten Sie auf jeden Fall das echo-Gerät aus dem Raum in die Gruppe stecken. Dies erlaubt Ihnen zum Beispiel das Licht ohne Benennung des Raumes zu schalten und lässt eine mehr natürlichere Sprache in den Befehlen zu.

Szenen – ein Stückchen gespeicherte Einstellungen

Sie haben bisher gesehen, wie sie Geräte hinzufügen und Gruppen erstellen können um Geräte zu steuern, bevor wir in die Tiefe gehen, was die Automation angeht in Form von sogenannten Routinen. Bevor wir dazu kommen, sollten Sie sich allerdings mit dem Konzept der Szenen vertraut machen.

Szenen sind vordefinierte Einstellungen für Geräte – meist Lampen - um es kurz zu sagen. In diesen Szenen wird festgelegt, wie etwas stattfinden soll.

In Alexa ist es derzeit nicht möglich selbst Szenen zu erzeugen, vielmehr werden hier sämtliche Szenen die Alexa zur Verfügung stehen aus Skills und damit verknüpften Geräten importiert.

Besonders beliebt sind unter echo-Besitzern nicht nur die Hue Leuchten, sondern vor allem auch die durch Hue erzeugten Lichtszenen, welche sich jeweils auf eine Gruppe von Lampen erstrecken und für atmosphärisches Licht sorgen.

Wenn Sie es möchten können Sie übrigens Szenen in Gruppen integrieren.

Routinen

Bis jetzt bietet uns die echo-Geräte eine wunderbare Schnittstelle, um andere Geräte zu kontrollieren, aber alleine dies würde ein SmartHome nicht besonders smart machen und nur bedingt dafür sorgen, dass das Haus oder die Wohnung für seine Bewohner arbeitet. Es gibt noch keine Automatismen, welche festlegen wie ein Haus auf eintretende Faktoren reagieren soll. Um dies auch für Alexa- und echo-Geräte zu ermöglichen, wurden dem Betriebssystem der echo-Geräte die sogenannten Routinen spendiert. Hierbei handelt es sich um einfache Automatismen, welche auf bestimmte Situationen reagieren können.

Als Beispiel nehmen wir einmal fiktiv an, dass Sie morgens um fünf aufstehen müssen, um zur Arbeit zu gehen. Um Ihnen das Leben zu vereinfachen kann Alexa für Sie freundlicherweise während der Wecker schon einmal klingelt das Licht einschalten und die (smarte) Kaffeemaschine einschalten um entweder bereits frischen Kaffee zu kochen oder die Tassen vorwärmen zu lassen. Klingt doch eigentlich ganz nett oder? Genau für solche Situationen gibt es die Alexa-Routinen.

Anhand des vorher definierten Auslösers werden für Sie mehrere Aufgaben erledigt.

Derzeit kann Alexa Routinen anhand von

- kurzen Sprachkommandos oder
- anhand einer Uhrzeit (optional sich wiederholend) auslösen.

Um eine neue Routine zu programmieren navigieren Sie zu Hauptmenü → Routinen und drücken oben rechts auf das Plus-Zeichen.

Sie werden nun in der Maske auswählen müssen, auf was diese Routine zurückgreift: entweder einem Sprachkommando oder einem Plan (Zeitpunkt). Für unser obiges Beispiel würden Sie die Option Plan wählen und dann eine Uhrzeit wählen. Als nächstes können Sie dann noch wählen, was diese Routine eigentlich alles machen soll. Zur Verfügung stehen:

- Alexa sagt – hierbei wird Alexa auf einem echo-Gerät etwas sagen
- Lautstärke – Anpassung der Lautstärke eines echo-Gerätes
- Musik – Abspielen von Medien

- Nachrichten – In Abhängigkeit von Ihren installieren Nachrichten-Skills werden Nachrichten vorgelesen (es wird die tägliche Zusammenfassung verwendet)
- Smart Home – hier steuern Sie Geräte, Gruppen oder Szenen
- Verkehr – lassen Sie sich über den aktuellen Verkehr informieren
- Wetter – brauchen Sie einen Wetterbericht?

Hiermit lässt sich schon vieles bewerkstelligen um das Leben etwas bequemer zu gestallten.

ifttt.com – die Automatisierung aus dem Netz

Kennen Sie den Webservice ifttt.com? Nein, sollten Sie aber! – ifttt.com selbst sieht sich als eine Art Superkleber für eine Vielzahl von Webdiensten und mittlerweile auch SmartHome-Systemen.

Mit Hilfe von ifttt.com können Sie noch deutlich mehr automatisieren. Zum Beispiel: Musik pausieren, wenn Sie auf dem Smartphone angerufen werden. Für solche Routinen benötigen Sie nur drei Sachen:

1. Einen kostenlosen ifttt.com Account
2. Die ifttt.com App für Ihr Smartphone (für Android und iOS)
3. Fünf Minuten Zeit

Um alle Features nutzen zu können, sollten Sie sich zuerst bei ifttt.com registrieren und dort Ihr Alexa-Konto verbinden. Das war auch schon das Meiste vom Hexenwerk.

Sie können jetzt jeden Service der Ihnen durch ifttt.com angeboten wird mit Alexa interagieren lassen. Das kann wie oben erwähnt ein eingehender Anruf auf Ihrem Smartphone sein, aber auch Standort bedingte Ausführung von Befehlen. Hier noch ein paar Anregungen, was machbar ist:

- Sie verlassen Ihre Arbeit → Alexa, regelt die Heizungsthermostate damit Sie es warm haben, wenn Sie nach Hause kommen
- Sie verlassen Ihre Wohnung/Haus → Alexa, schaltet alle Geräte und Lampen aus, sofern diese noch an sind.

Problemfall HomeKit: iHaus als Lösung

Ok, Sie haben vielleicht ein iPad und ein iPhone und vielleicht auch noch eine Apple TV – sodass Sie sich entschieden hatten HomeKit fähige Geräte zu kaufen und bei sich einzusetzen.

Viele der Geräte sind steuerbar, nicht nur über HomeKit, sondern auch über Alexa und die echo-Familie. Aber was machen Sie nur mit den Geräten, die absolut nicht über Alexa ansprechbar sind? Einerseits könnten Sie hoffen, dass Apple eine Schnittstelle zu HomeKit öffnet. Aber seien wir einmal ehrlich: dies wird eher nicht passieren, dass Apple und Amazon sich in einer Übereinkunft einig werden. Jeder hat sein Ökosystem und möchte dies auch gerne genauso beibehalten wie bisher – nicht zu Letzt, da beide Unternehmen eigenen Sprachassistenten ins Rennen schicken.

Was bleibt ist nur der Umweg über dritte Parteien: hier springt das deutsche Unternehmen iHaus in die Bresche und hat eine Software-Lösung entwickelt, welche in Zusammenhang mit einem iOS Gerät das Problem lösen kann: die iHaus App!

Was benötigen Sie:

- Mindestens ein Gerät aus der echo-Familie
- Ein iOS Gerät[18], welches in den 24/7 Servermodus gebracht wird

---

[18] Das Gerät muss mindestens iOS in der Version 9 unterstützen. Ich empfehle hier ein nicht mehr gebrauchtes iPad, da dieses auch ein

- Die iHaus App

Auf Ihrem echo-Gerät müssen Sie den Alexa-Skill aktivieren. Auf dem iOS Gerät müssen Sie leider ein wenig mehr unternehmen:

- Sie sollten das Gerät in den „geführten Zugriff"[19] schalten
- Die iHaus App installieren und in den 24/7 Server-Modus schalten[20]

Nur wenn Sie genauso verfahren, ist es Ihnen möglich auf einfache Weise HomeKit-Geräte in Ihre Alexa-Installation mit aufzunehmen.

Sollten Sie technisch versierter sein und ein wenig Arbeit nicht scheuen, kann ich Ihnen die beiden Software-Produkte Node Red und OpenHab2 empfehlen, welche ich im nächsten Abschnitt gerne vorstellen möchte

Beide bieten die Möglichkeit mit beiden Welten zu kommunizieren: HomeKit & Alexa.

Skills sind nicht genug?

Ja, sie haben richtig gelesen. Mit den derzeit lieferbaren Skills ist sehr viel möglich und Sie können viele Systeme anbinden. Sei es lokal oder über eine aktive Internet-Verbindung (wie zum Beispiel mit Hilfe von ifttt.com). Ich möchte Sie aber an dieser Stelle auf jeden Fall darauf hinweisen, dass Skills und der Automatisierungsdienst ifttt.com nur die Spitze des

---

angenehmes Bedien-Tablet anbietet.

[19] Apple führt hierzu einen Artikel in seiner Knowledge Base den Sie unter https://support.apple.com/de-de/HT202612 abrufen können.

[20] Der Hersteller bietet einen Artikel zu Einrichtung unter https://ihaus.com/app/24h-modus an

Eisberges darstellen und sowohl die echo-Gerätefamilie als auch Alexa sich mittlerweile in verschiedenste System integrieren lassen und vor allem den Tüftlern und DIYlern unter Ihnen nahezu unbegrenzten Möglichkeiten anbieten.

Zwei der populärsten Lösungen für individualisierte Installation stellen dabei IBMs Node Red und OpenHab2 da. (Für letztere gibt es auch einen Skill, der es Ihnen ermöglicht über einen myOpenHab-Account mit einer OpenHab2 Installation zu sprechen).

Spätestens, wenn Sie neben den vielen auf dem Markt verfügbaren Produkte auch HomeKit fähige Geräte mit Alexa und echo steuern möchten, werden Sie sich umschauen müssen, wie sie diese Geräte anbinden können.

Ein weiterer Grund kann aber auch sein, dass entweder der Hersteller Ihrer Geräte keinen oder nur einen unzureichenden Skill anbietet. Ich möchte Ihnen dies an einem Beispiel aus meiner eigenen Installation zu Hause verdeutlichen:

Ich besitze einen Saugroboter für den zwar der Hersteller einen Skill anbietet, dieser allerdings nur bedingt zu gebrauchen ist und meinen Bedürfnissen nicht gerecht wird. Um den Funktionsumfang, den ich gerne hätte abzubilden, habe ich mich hier der Hilfe von Node Red bedient.

Der klare Vorteil: Node Red verhält sich hier wie ein ZigBee Leuchtmittel[21], kann also den Zustand an und den Zustand aus annehmen. Zusätzlich kann noch ein Dimmer wert mitgeteilt werden, der aber uninteressant ist.

Dank Node red kann nun der Roboter vernünftig als Gerät integriert und in die normalen Alexa Routinen eingefügt werden. Diese Art der Installation bietet mir auch die Möglichkeit deutlich komplexere Abläufe zusammen zu

---

[21] Um genau zu sein simuliert Node Red eine (weitere) Hue-Bridge und alle „Geräte" die hier angeboten werden als ZigBee Leuchtmittel.

bauen, wie zum Beispiel ein pausieren des Roboters, wenn ich einen Anruf erhalte. – Mit einem echo-Gerät so ohne weiteres leider nicht möglich.

Kapitel 5 – Echos zur Kommunikation

Können Sie sich Ihr echo-Gerät noch wegdenken? Wenn ja haben Sie sicherlich noch nicht alle Möglichkeiten ausgeschöpft, die sich Ihnen bieten.

Wie sieht es denn mit Kommunikation aus, habe Sie die Geräte schon mal dafür genutzt? Haben Sie schon mal einen Anruf getätigt oder gar ein anderes echo-Gerät angerufen?

Das Bedürfnis sich mitzuteilen ist ein ureigenes Bedürfnis des Menschen und so wundert es auch nicht besonders, dass Amazon auch hier mitgedacht hat und der echo-Familie die Möglichkeit zur Kommunikation mit anderen Menschen spendiert hat.

Glauben Sie nicht? Ist aber wirklich so und Sie werden es sicherlich lieben.

Nebenbei ein Tipp für Eltern: am Ende des Buches werde ich Ihnen einen kleinen Anstoß geben und Ihnen Zeigen wie Sie ein echo-Gerät als Babyphone einsetzen können.

Habe ich jetzt Ihre Aufmerksamkeit geweckt für dieses Kapitel? Ich hoffe doch sehr.

Telefonieren mit den echo-Geräten[22]

Wie ich Ihnen bereits angekündigt habe, ist es ein Klacks normale Telefonate und sogar Videotelefonate[23] mittels des

---

[22] Derzeit sind leider nur Telefonate zu anderen echo-Besitzern möglich, mangels fehlender Lieferung für den echo Connect. Amazon hat sich hier noch nicht geäußert, wann die kleine Box außerhalb der USA auf den

echo-Geräts zu absolvieren. Für letzteres brauchen Sie und Ihr Gesprächspartner aber beide ein Video-fähiges echo-Gerät.

Aber lassen Sie sich davon nicht abschrecken, im Zweifelsfall probieren Sie es doch erst einmal ohne Video aus.

Was Sie auf jeden Fall benötigen ist ein Smartphone mit installierter App – nicht um zwangsläufig direkt von dem Smartphone zu telefonieren, sondern Alexa greift hier auf einen Trick zurück, um an Ihr Telefonbuch zu kommen. Sie liest einfach das Ihres Smartphones aus!

Allerdings werden nur Kontakte aus Ihrem Adressbuch der Alexa-Kontaktliste hinzugefügt, die ihrerseits mindestens ein Echo-Gerät nutzen. (Übrigens Kontakte mit denen Sie einen Videoanruf tätigen können haben ein kleines Kamera-Symbol neben ihrem Namen.)

Telefonie auf den echo-Geräten einrichten

Achtung: bevor Sie starten können, stellen Sie bitte sicher, dass Sie bei Amazon eine verifizierte Mobilfunknummer hinterlegt[24] haben – ohne geht es leider nicht.

Markt kommen wird.

[23] Achtung – manch einer mag jetzt sicherlich an ausgedehnte Videokonferenzen denken, da Amazon Meetings und Konferenzschaltungen allerdings in das Geschäftsumfeld verbucht, ist dies nur mit einem Alexa for Business Account möglich. Für weitere Information schauen Sie hierzu bitte in des entsprechende Kapitel „Alexa for Business"

[24] Eine Anleitung hierzu finden sie in der deutschen Amazon Knowledge Base untern
https://www.amazon.de/gp/help/customer/display.html?nodeId=201816440

Wenn Sie die Alexa-App öffnen, werden Sie feststellen, dass sich unten am Display ein Balken mit drei Symbolen befindet. Mittig davon ein Sprechblasen Icon – hinter diesem verbergen sich sämtlich Kommunikationsmöglichkeiten.

Um mit einem Gesprächspartner[25] in Kontakt zu treten, drücken Sie oben am Display das kleine Kontaktsymbol. Gegebenenfalls kann es passieren, dass die App Sie auffordern wird, Ihr Adressbuch zu synchronisieren.

Dieser Schritt ist aber nur einmal bei der Einrichtung von Nöten. Ab diesem Punkt ist alles vorbereitet und Sie können Ihre Kontakte entweder über die App oder direkt von einem echo-Gerät aus anrufen.

Anrufe per echo-Gerät

Die wohl gebräuchlichste Methodik einen Kontakt anzurufen dürfte mithilfe eines echo-Gerätes sein. Hierzu gibt es eine Reihe von Sprachbefehlen:

- *„Alexa, rufe <Kontaktname> echo an"*

Des Weiteren gibt es noch folgende Kommandos um einen Anruf zu kontrollieren:

- *„Alexa, Lautstärke hoch / runter"* - Regelung der Lautstärke
- *„Alexa, lege auf"* - Beenden eines Anrufes
- *„Alexa, antworte"* - Sie werden einen Anruf annehmen
- *„Alexa, Ignorieren"* - ignoriert einen Anruf

Anrufe per Alexa-App

Anrufe via App sind eigentlich besonders einfach durchzuführen: Sie müssen Sie hier keine Befehle merken.

---

[25] Jeder Ihrer Kontakte mit Alexa-App und/oder echo ist qualifiziert

In Ihrer Kontaktliste suchen Sie einfach den entsprechenden Kontakt und klicken auf diesen.

Sie können diesem Kontakt dann Textnachrichten schreiben oder in dem Sie oben rechts auf den Telefonhörer drücken, den Kontakt anrufen. Möglich sind hier Sprach- und Videoanrufe.

Drop-In Anrufe: garantierte Annahme

Drop-In Anrufe sind eine etwas speziellere Version von Anrufen, da sie nur auf echo-Geräte verfügbar sind. In der Alexa-App können Sie zwar einen Drop-In auslösen, aber nicht annehmen.

Die Besonderheit eines Drop-Ins besteht darin, dass Familienmitglieder oder sehr enge Freund einen bestimmten echo Anrufen können und dieser Selbstständig das Gespräch annimmt. Ablehnen geht nicht.

Aus diesem Grund ist die Konfiguration im Vorfeld auch etwas aufwendiger als die für reguläre Anrufe. Gehen Sie hierzu einfach wie in dem Unterkapitel Telefonie vor.

Zusätzlich müssen Sie für jeden Kontakt, dem Sie Drop-Ins erlauben dies individuell erlauben. Rufen Sie hierzu den Kontakt in der Kontaktliste auf und erlauben Sie diesem explizit Drop-Ins. (Für gegenseitiges Drop-In müssen dies natürlich alle Kommunikationspartner bestätigen.)

Im Übrigen können Sie auf alle echo-Geräte in Ihrem Haushalt direkt einen Drop-In durchführen, ohne dass Sie sich dafür Berechtigungen geben müssen.

Um einen Drop-In zu starten können Sie dies entweder über die Alexa-App durchführen oder per Sprachkommando:

- *„Alexa, starte Drop-In <Gerätename>"*

Mittels des Sprachbefehls für Anrufe auflegen, können Sie einen Drop-In beenden

Tipp: echo als Babyphone

Ich hatte Ihnen ja bereits am Anfang des Kapitels versprochen, dass ich für die Eltern unter meinen Lesern einen kleinen Tipp präsentieren werde, wie Sie Ihre echo-Geräte als Babyphone verwenden können.

Im Grunde genommen ist dies auch wirklich einfach: Sie brauchen nur zwei echo-Geräte und einen Drop-In Anruf.

Ein echo-Gerät stellen Sie bei Ihrem Kind auf, das zweite dort, wo Sie sich befinden oder im Schlafzimmer. Sie können jetzt von jedem echo-Gerät in Ihrem Haushalt einen Drop-In Anruf auf den echo bei Ihrem Kind machen. Um Ihr Kind nicht zu stören, schalten Sie einfach das Mikrofon Ihres echos aus. Dies machen Sie indem sie auf den entsprechenden Knopf auf der Oberseite des Gerätes drücken. (Ihr echo wird dann dauerhaft einen farblich passenden Leuchtring haben.)

Nachrichten mit echo-Geräten verschicken

Da nicht immer eine direkte Antwort nötig ist oder man nur eine kurze Frage hat ist ein Anruf oder Drop-In nicht unbedingt zielführend. Aber auch dafür gibt es eine Lösung.

Einfache Nachrichten, die Sie an Kontakte schicken können (sofern diese im Alexa-Netzwerk angemeldet sind).

Bei einer solchen Nachricht schreiben Sie entweder die Nachricht auf Ihrem Smartphone oder lassen sich interaktiv von Alexa, durch diesen Prozess führen. Der Empfänger wird dann über einen gelben blinkenden Ring auf seinen echo-Geräten informiert, dass eine neue Nachricht eingegangen ist.

Um eine Nachricht direkt per Sprachkommando zu verschicken nutzen Sie das Sprachkommando:

- *„Alexa, sende eine Nachricht"*

Kapitel 6 – Echo für die ganze Familie: Nutzung als Gamekonsole

In den vorherigen Kapiteln habe ich Ihnen eindrucksvoll gezeigt, was Sie alles mit Alexa machen können um sich Ihr Leben im beruflichen Alltag einfacher gestalten zu können oder wie Sie Ihre Wohnung oder Ihr Haus steuern können. Alexa und damit auch dich echo-Gerätefamilie bietet sich aber nicht nur für Sie und Ihren Partner oder Partnerin an, sondern kann auch das Leben in Ihrer Familie vereinfachen, denn auch für Kinder gibt es das eine oder andere zu entdecken und auch an einem gemütlichen Familienabend kann Alexa teilhaben.

Eins vorweg: wenn Sie Alexa und die echo-Geräte zusammen mit Ihren Kindern verwenden wollen, empfehle ich Ihnen sensibel mit dem Thema Technik umzugehen und einen geeigneten Umgang für Ihre Kinder zu finden. Allzu schnell akzeptieren wir Technik als gegeben an und akzeptieren Sie ohne zu hinterfragen.

Um Ihnen die Orientierung zu diesem Thema zu vereinfachen habe ich auch dieses Kapitel wieder in mehrere Abschnitte unterteilt, so haben Sie die Möglichkeit nur die Informationen nachzulesen, welche Sie auch wirklich interessieren. So interessieren Sie vielleicht die Abschnitte über Spiele mit den echo-Geräten, aber vielleicht nicht, ob und in wie weit sich Alexa für Kinder eignet – je nach Ihrer persönlichen Lebensstruktur.

Alexa im Kinderzimmer

Wie ich bereits mehrfach angedeutet habe, können echo-Geräte gut im Kinderzimmer eingesetzt werden – auch bedingt ohne Aufsicht durch die Eltern. Amazon selbst forciert Kinder als Zielgruppe für echo-Geräte immer stärker: nicht zuletzt auch durch eine eigene Skill-Kategorie „Kinder". Und auch Entwickler haben besondere Guidelines erhalten für Skills die für Kinder ausgerichtet sind.

Bevor Sie jetzt aber losrennen und ein neues echo-Gerät für das oder die Kinderzimmer kaufen, möchte ich Ihnen einige Gedanken mit auf den Weg geben:

- Spracheinkauf: Wenn Sie bisher den Spracheinkauf nicht deaktiviert oder mit einem PIN versehen haben, wäre jetzt der richtige Augenblick dies nach zu holen, denn Amazon sieht grundsätzlich hier keine Problematik frei nach dem Motto „Eltern haften für Ihre Kinder"[26]

- Die Wahl des richtigen Gerätes: tatsächlich ist diese Frage gar nicht so einfach zu beantworten, wie Sie vielleicht gerade denken. Intuitiv würden Sie hier zwei Geräte besonders eignen und zwar der echo Dot und der echo Spot. Der echo Dot ist klein und preiswert, weshalb er bestens geeignet erscheint. Der echo Spot hingegen hat einen schönen Radio-Wecker-Charme und sieht wirklich gut aus.

Der echo wird zur Hausaufgaben-Hilfe

Ich hatte Ihnen ja bereits im 2. Kapitel dieses Buches gezeigt, dass Alexa einfacherer mathematische Lösungen für Sie lösen

---

[26] Natürlich haben Sie weiterhin das Recht 14 Tage von Ihrem Kauf zurückzutreten nach Deutscher Gesetzeslage

kann, das ist natürlich auch für Ihre Kinder möglich, aber doch eher eine lahme Unterstützung bei den Hausaufgaben – gibt es doch deutlich mehr Fächer als nur Mathematik. Genau aus diesem Grund buhlen auch viele Skills um Aufmerksamkeit.

Fangen wir mit etwas Leichtem an, was sowohl für Kinder als auch Eltern immer ganz spannend und interessant ist: der Stundenplan. Hierzu gibt es die App Stundenplan eines deutschen Entwicklers. Der Skill kann die Stundenpläne für eines oder mehrere Kinder verwalten und bietet verschiedenste Möglichkeiten an um die Daten wieder abzufragen. Die Einrichtung ist etwas unüblich zu anderen Skills und erfordert ein klein Wenig Aufmerksamkeit Ihrerseits, aber dies zeige ich Ihnen sofort.

- Aktivieren Sie den Skill „Stundenplan" auf Ihren echo-Geräten
- Verwenden Sie den Sprachbefehl *„Alexa, öffne den Stundenplan"*
- Alexa, wird Ihnen nun einen sechsstelligen PIN nennen, den Sie für die Kontoverknüpfung benötigen – bewahren Sie ihn gut auf. (Der Pin wird ebenfalls in der Alexa-App angezeigt"
- Diesen einmalig gültigen PIN müssen Sie in einem Browser auf der Homepage des Entwicklers eingeben und können dann mit der Konfiguration eines oder mehrerer Stundenpläne beginnen
- Im Folgenden können Sie den Namen des Kindes angeben und die Fächer für den Stundenplan eingeben.

Das war es auch schon was die Konfiguration angeht und Sie können Alexa mittels verschiedener Fragen um Auskunft bitten:

- *„Alexa, wann haben die Kinder heute Schule aus"*

- „Alexa, habe ich morgen <Schulfach>" / „Alexa, hat <Kind Name> morgen <Schulfach>
- „Alexa, welche Fächer hat <Kind Name> morgen."

Eine ausführliche Liste können Sie dem Anhang entnehmen.

Weitere empfehlenswerte Skills für Schüler sind:

- Periodensystem* – dieser Skill liefert Informationen zu den Kennzahlen von Elementen und anderes
- Deutsche Sprichwörter*
- Abkürzungsverzeichnis* – Haben Sie manchmal nicht auch Probleme mit Abkürzungen?
- Memo Spiel* – Wer kennt es nicht? Das beliebte Memory? Hier in einer Version bei dem mit Geräuschen gearbeitet wird.

Aber fragen Sie doch einfach Alexa selbst mal, was es für Skills speziell für Kinder gibt mit *„Alexa, welche Skills für Kinder gibt es?"*

Alexa kann jetzt auch Spielekonsole

Hätten Sie es gewusst, Sie können Ihre echo-Geräte auch als Spielekonsole verwenden und einen lustigen Abend mit der Familie oder Freunden erleben. Spiele und Unterhaltungs-Skill sind unglaublich beliebt für die smarten Lautsprecher von Amazon und funktionieren erstaunlich gut, aber lassen Sie sich nicht täuschen: Spiele-Skills sind wie Gesellschaftsspiele und bieten einen gewissen Suchtfaktor. Einige der Spiele lassen sich einfach aktivieren als Skill und können augenblicklich gespielt werden andere benötigen ein spezielles Zubehör: die echo Buttons, welche kostengünstig im Zweierpack über Amazon bezogen werden können. Eine kleine Auswahl soll natürlich hier präsentiert werden:

Spiel	Genre	Spieleranzahl	Anmerkung
Bandit Buttons*	Action	2-4	Erfordert 2-4 echo Buttons
Trivial Pursuit Tap*	Quiz	2-4	Erfordert 2-4 echo Buttons
Shot oder Spott*	Trinkspiel	Beliebig	
Schüttelwort*	Knobeln	2-4	Erfordert 2-4 echo Buttons
Codeknacker!*	Knobeln	1-4	Erfordert 2-4 echo Buttons
Rollenspiel Soloabenteuer*	Rollenspiel	1	
Quiz-Roulette*	Quiz	1-4	Erfordert 1-4 echo Buttons
Simon Tap*	Party	1-4	Erfordert 4 echo Buttons Der beliebte Klassiker aus dem Hause Hasbro
Mein Auftrag*	Rollenspiel	1	
Stadt, Land, Fluss*	Party	Beliebig	

Wie Sie sehen gibt es eine große Auswahl aus verschiedenen Genres, die es Ihnen ermöglichen etwas Zeit zu verbringen, neben neueren Spielen finden Sie aber auch Klassiker wie „Stadt, Land, Fluss" oder „Trivial Pursuit". Sicherlich finden Sie etwas für sich und Ihre Lieben.

Kapitel 7 – Alexa im Haushalt

Wo verbringen wir die meiste Zeit unseres Lebens neben der Arbeit? Richtig daheim und wir wollen es uns in der Regel so angenehm wie möglich dort machen. Warum also nicht einen möglichst hohen Komfort suchen und finden? Ob es nun in der Küche, beim Einkaufen oder in der Waschküche ist – so vielseitig können Sie durch Alexa unterstützt werden.

Alexa in der Küche und beim Einkauf

Kein Ort ist so prädestiniert für die Nutzung eines echo-Gerätes als die Küche: denn wie oft hat man in beiden Händen etwas oder dreckige Finger. Gerade fällt Ihnen ein, was noch auf dringend auf die Einkaufsliste muss, aber der Partner ist schon unterwegs? Kein Problem auch das bekommen wir geregelt.

Wie Sie bereits in Kapitel 2 erfahren haben, können Sie Listen für alles Mögliche verwenden und immer wieder via Sprachkommando abrufen oder bearbeiten. Für Ihren Einkauf gibt es allerdings eine viel elegantere Lösung eines kleinen Schweizer Start-Ups mit dem Namen Bring! Aber Warum sollten Sie ausgerechnet diesen Skill verwenden anstatt der anderen Listen? Ganz einfach: Bring! bringt plattformübergreifende Apps für Smartphones mit, welche die nette Eigenschaft haben, dass die Listen mit anderen Personen geteilt werden können – und das Ganze auch noch in Echtzeit! Sie ändern etwas und alle Personen, mit denen Sie die Liste geteilt haben bekommen eine Benachrichtigung und eine aktualisierte Version der Liste: ungemein praktisch, wenn Sie für einen Haushalt einkaufen und dies nicht alleine machen. Das Einzige was Sie hier benötigen ist ein kostenloser

Bring! -Account und drei Minuten Zeit eine Standardliste festzulegen:

- Richten Sie in Ihrer Bring! - Smartphone App ein Benutzerkonto ein
- Aktivieren Sie den kostenlosen Bring!*-Skill auf Ihren echo-Geräten
- Rufen Sie via Sprachkommando „Bring!" auf und Ändern Ihre Standardliste auf eine gewünschte liste:

„Alexa, öffne Bring und ändere meine Standardliste auf <Listenname>"

Das war es auch schon und Sie können mit einfachen Befehlen Sachen auf die Liste packen oder Löschen. Eine Liste der Befehle finden Sie wie immer im Anhang.

Sie haben nun also eingekauft und benötigen jetzt noch Unterstützung in der Küche beim Kochen? Natürlich Alexa wird Ihnen gerne behilflich sein und wird sie bestens unterstützen. Sei es mit dem Eierkocher-Skill* oder mit der geballten Rezepte Datenbank von chefkoch.de*, Sie können aber auch nach einem passenden Cocktail* suchen lassen oder Alexa nach Kerntemperaturen* fragen. Die passenden Befehle hierzu finden Sie im Anhang.

Sie haben einmal keine Lust auf Kochen oder Sie haben trotz Bring! doch vergessen einzukaufen? Für diesen Fall haben die beiden Unternehmen Lieferando* und Foodora* mitgedacht und haben jeweils einen passenden Skill veröffentlicht.

Alexa im Hauswirtschaftsraum & Garten

Was soll ich Ihnen sagen: sicherlich wundert es Sie nicht, dass es auch in diesem Bereich verschiedenste Skills von unterschiedlichen Entwicklern gibt, natürlich soll ja auch jede Lebenslage unterstützt werden und der Einfallsreichtum ist wirklich bemerkenswert. Sie brauchen Hilfe im Hauswirtschaftsraum – OK, dann werden Ihnen der Abfallkalender*[27]-Skill und der Fleckentferner*-Skill unter die Arme greifen und hoffentlich auch helfen. Oder Sie brauchen Hilfe im Garten – Grüner Daumen* sorgt für Abhilfe. Eine entsprechende Liste der Befehle finden Sie im Anhang.

---

[27] Die Einrichtung des Skills erfolgt analog zum Stundenplan-Skill hierzu ist es nötig sich an die Anleitung auf
http://mnbvcx.eu/abfallkalender zu halten.

Anhang

Befehle für Alexa

Wie bereits mehrfach beschrieben werden Befehle an ein Echo Gerät in der Regel durch die Nennung eines Trigger-Wortes (der Standard ist immer „Alexa") und des entsprechenden Befehles ausgelöst. Die nachfolgende Liste kann hier als Referenz dienen. Wichtig hierbei, jeder installierte Skill bringt seine eigenen Befehle mit!

Allgemeine Befehle

Befehl	Auswirkung	Abhängig von Skill
1. Alexa, wechsle die Konten	Der echo wird zwischen den verknüpften Konten wechseln	nein
2. Alexa, welches Profil ist das	Informative Ausgabe welches Konto gerade aktiv ist.	nein
3. Alexa, Ton an / aus		nein
4. Alexa, Wiederholen		nein
5. Alexa, abbrechen		nein
6. Alexa, stopp		nein
7. Alexa, Hilfe		nein
8. Alexa, was kannst Du neues		nein
9. Alexa, woher kommt		nein

	Dein Name		
10.	Alexa, kannst Du mir einen Skill empfehlen		nein

Nachrichten

Befehl	Auswirkung	Abhängig von Skill
11. Alexa, was ist meine tägliche Zusammenfassung?	Ausgabe der täglichen Zusammenfassung in Abhängigkeit von aktivierten Skills	ja
12. Alexa, Was sind die Nachrichten	Ausgabe der aktuellen Nachrichten in Abhängigkeit der aktivierten Skills	ja

Einkaufen

Befehl	Auswirkung	Abhängig von Skills?
13. Alexa, <Produkt> bestellen	Bestellt ein spezifisches Produkt via Spracheinkauf aus dem Amazon Prime Programm, sollte nur ein generisches Produkt genannt werden, wird aus Amazon Choices gewählt.	Nein

14. Alexa, <Produkt> erneut bestellen	Wie oben, allerdings wird aus dem Bestellverlauf ausgewählt.	Nein.
15. Alexa, lege <Produkt> in meinen Einkaufwagen	Legt das entsprechende Produkt in den Einkaufswagen ohne die Bestellung abzuschließen	Nein.
16. Alexa, storniere meine Bestellung	Storniert die letzte Bestellung via Spracheinkauf	Nein.
17. Alexa, wo ist meine Bestellung	Führt Sie interaktiv durch das Amazon tracking	nein

Kommunikation

Für nähere Informationen zu den Kommunikationsmöglichkeiten erfahren Sie im Kapitel „Echos zur Kommunikation". Hier wird auch ausführliche behandelt wie Drop Ins funktionieren und was diese genau sind.

Befehl	Auswirkung	Abhängig von Skills
18. Alexa, Broadcast	Erstellen eines Broadcast Announcements (derzeit leider nur in Nordamerika verfügbar)	nein
19. Alexa, Announcement	Erstellen eines Broadcast Announcements	nein

	(derzeit leider nur in Nordamerika verfügbar)	
20. Alexa, mach einen Anruf	Alexa wird interaktiv einen Anruf für Sie starten	Nein
21. Alexa, rufe <Kontaktname> an	Startet einen Anruf zum angegeben Kontakt	Nein
22. Alexa, auflegen	Beendet einen Anruf	nein
23. Alexa, Drop In <Echo-Gerät Name>	Alexa wird einen Drop In Anruf zu dem entsprechenden Gerät aufbauen	nein
24. Alexa, ruf in <Raum Name> an		
25. Alexa, sende eine Nachricht an <Kontaktname>	Alexa wird versuchen eine Nachricht an den entsprechenden Kontakt zu versenden, wenn dieser auf einem echo mit einem Alexa-Konto angemeldet ist	nein
26. Alexa, spiele meine Nachrichten ab	Alexa wird Ihre Nachrichten abspielen	nein

Steuerung von Bluetooth-Geräten

Befehl	Auswirkung	Abhängig von Skills
27. Alexa,	Das echo-Gerät	nein

verbinde mein Telefon / Tablet	wird ein bekanntes Bluetooth Gerät suchen und verbinden	
28. Alexa, trenne mein Telefon / Tablet	Alexa wird ein verbundenes Bluetooth Gerät trennen	nein
29. Alexa, kopple mein Gerät	Koppelt ein Bluetooth Gerät mit dem echo	nein
30. Alexa, kopple Bluetooth		
31. Alexa, Wiedergabe	Alexa spielt Medien vom verbunden Bluetooth Gerät ab	nein
32. Alexa, Pause / stopp / fortsetzen	Pausiert / stoppt oder nimmt die Wiedergabe wieder auf	nein
33. Alexa, zurück / weiter	Navigiert in der Wiedergabeliste	nein
34. Alexa, Neustart	Alexa startet die Wiedergabe neu	nein
35. Alexa, noch einmal	Alexa wiederholt die Wiedergabe	nein

Produktivität / Infotainment

Befehl	Auswirkung	Abhängig von Skills
36. Alexa, wecke mich morgen um <Zeit> auf	Stellt einen Wecker für die angegebene Zeit	nein
37. Alexa, stelle den		nein

Wecker auf <Zeit>		
38. Alexa, stelle den Wochenendwecker auf <Zeit>	Stellt einen speziellen Wecker fürs Wochenende zur angegebenen Zeit	nein
39. Alexa, stelle einen wiederholten Wecker für jeden <Tag> um <Zeit> ein	Aktivierten einen Wecker der an besagtem Tag um entsprechende Uhrzeit ausgelöst wird. Wiederholt den Wecker jede Woche	nein
40. Alexa, lösche den Wecker um <Zeit>	Löscht den entsprechenden Wecker	nein
41. Alexa, für welche Uhrzeit ist mein Wecker gestellt	Teilt ihnen mit, wann der nächste Wecker klingelt	nein
42. Alexa, ich will weiterschlafen. Stelle den Timer auf <Minuten> Minuten	Bietet einen variablen Wecker-Snooze an	nein
43. Alexa, wieviel Zeit ist noch auf meinem Timer übrig	Gibt an wie lange der Timer noch runterzählt	nein
44. Alexa, welche Wecker sind für morgen eingestellt	Teilt ihnen mit, welche Wecker für den morgigen Tag vorgesehen sind	nein
45. Alexa, stopp	Beendet einen Wecker	nein
46. Alexa, schlummern		
47. Alexa, wie spät ist es	Gibt die aktuelle Uhrzeit aus	nein
48. Alexa, wie lautet das heutige Datum	Gibt das aktuelle Datum aus	nein

49. Alexa, lösche meinen Wecker für <Tag>	Löscht den Wecker für den entsprechenden Tag	nein
50. Alexa, stelle einen Timer für <Minuten> Minuten	Stellt einen Timer für die angegebene Zeit	nein
51. Alexa, lösche den Timer (für <Minuten> Minuten)	Löscht den eingegeben Timer. Optional den Timer mit der angegebenen Zeit, bei mehreren Timern	nein
52. Alexa, füge einen Termin meinem Kalender hinzu	Alexa wird Sie in einen interaktiven Dialog führen um einen Termin zu erstellen	nein
53. Alexa, füge <Terminname> am <Wochentag/Datum> um <Uhrzeit> meinem Kalender hinzu	Alexa fügt einen Kalendereintrag Ihrem Kalender hinzu	nein
54. Alexa, was ist mein nächster Termin	Alexa wird Ihnen Ihren nächsten Termin mitteilen	nein
55. Alexa, was steht für <Wochentag/Datum> auf meinem Kalender	Alexa wird sämtliche Termine für den betreffenden Tag vorlesen	nein
56. Alexa, wie ist das Wetter	Alexa gibt ihnen Informationen über die aktuelle Wetterlage	nein
57. Alexa, wird es morgen regnen	Alexa teilt die Regenprognose	nein

		für den morgigen Tag mit	
58.	Alexa, was ist die erweiterte Vorhersage für <Ort>	Gibt Ihnen eine ausführliche Prognose für den entsprechenden Ort	nein
59.	Alexa, wie wird das Wetter in <Ort> am <Zeitpunkt>	Prognose für den angegebenen Ort zu einem bestimmten Zeitpunkt	nein
60.	Alexa, muss ich heute einen Schirm mitnehmen	Regenprognose für den aktuellen Tag	nein
61.	Alexa, wird es am <Tag> regnen/schneien	Niederschlagsprognosen für den angegebenen Tag	nein
62.	Alexa, wird es am <Tag> sonnig	Sonnenscheinprognose für den angebenden Tag	nein
63.	Alexa, wann geht morgen früh die Sonne auf	Nennt die Zeit des Sonnenaufgangs	nein
64.	Alexa, wann beginnt die Sommerzeit	Nennt, das Datum mit Sommerbeginn	nein
65.	Alexa, wie ist meine tägliche Zusammenfassung	Ausgabe ihres individuellen Newsflashs	nein[28]
66.	Alexa, was gibt es Neues		
67.	Alexa, was ist mein		

---

[28] Die Aussage ist nicht ganz einfach zu beantworten: der Befehl an sich ist nicht abhängig von weiteren Skills, allerdings können Sie über den Inhalt des Updates bestimmen indem Sie entsprechende Skills aktivieren und damit mehr oder weniger Inhalte zu Verfügung stellen

Update		
68. Alexa, wie seht der DAX	Nachrichten zum Deutschen Aktien Index	nein
69. Alexa, wie steht der <Kurs> Kurs	Börsennachrichten, detailliertes Information zu dem Kurs einer Aktie oder einer Währung	nein
70. Alexa, frage Kalender-Rechner nach den Kalendertagen bis zum <Datum>	Alexa wird mitteilen, wie viele Kalendertage bis zum Datum sind	Ja, Kalender-Rechner
71. Alexa, öffne Kalender-Rechner und berechne die Dauer vom <Datum> bis zum <Datum> in <Tagen/Wochen/Monaten/Jahren>	Alexa wird die Zeit-Dauer zwischen den beiden Daten berechnen	Ja, Kalender-Rechner
72. Alexa, öffne Kalender-Rechner und berechne die Anzahl der Kalenderwochen seitdem <Datum>	Alexa wird hier die Anzahl der Kalenderwochen seit dem verstrichenen Datum ausgeben	Ja, Kalender-Rechner
73. Alexa, öffne Schwarzer Werwolf	Öffnet den Skill Schwarzer Werwolf	Ja, Schwarzer Werwolf
74. Alexa, frage Schwarzer Werwolf nach dem Vollmond	Alexa wird Ihnen mitteilen, wann der nächste Vollmond ist	Ja, Schwarzer Werwolf
75. Alexa, frage Schwarzer Werwolf nach der Gefahrenlage	Wird Ihnen einen Gefahrenlagebericht zur Werwolf	Ja, Schwarzer Werwolf

		Bedrohung liefern	
76.	Alexa, was steht auf meiner Einkaufsliste/To-Do-Liste	Alexa, liest vor was auf der entsprechenden Liste vermerkt ist.	nein
77.	Alexa, füge <Produkt> meiner Einkaufsliste hinzu	Alexa wird das Produkt auf die Einkaufsliste setzen	nein
78.	Alexa, setze <Aufgabe> auf meine To-Do-Liste	Alexa setzt einen weiteren Punkt auf die ToDo-Liste	nein
79.	Alexa, füge <Listeneintrag> zu meiner <Listenname> hinzu	Fügt einen weiteren Listeneintrag einer Any.do hinzu	Ja, Any.do
80.	Alexa, trage <Produktname> in meine Einkaufsliste ein	Setz einen neuen Listeneintrag auf die AnyList Einkaufsliste.	Ja, AnyList
81.	Alexa, öffne Grundgesetz	Öffnet den Skill und führt in einen interaktiven Modus	Ja, Grundgesetz
82.	Alexa, frage Grundgesetz wie der Artikel <Artikelnummer> lautet	Wird Ihnen den entsprechenden Artikel und seinen Inhalt vorlesen	Ja, Grundgesetz
83.	Alexa, öffne Bürgerliches Gesetzbuch	Öffnet den Skill und führt in einen interaktiven Modus	Ja, Bürgerliches Gesetzbuch
84.	Alexa, frage Bürgerliches Gesetzbuch wie der Paragraph <Paragraphennummer> lautet	Wird Ihnen den entsprechenden Paragraphen vorlesen	Ja, Bürgerliches Gesetzbuch

85. Alexa, starte Rechtsdatenbank	Öffnet den Skill	Ja, Rechtsdatenbank
86. Alexa, frage Rechtsdatenbank nach Paragraph <Paragraphennummer> <Gesetzbuch>	Alexa wird den entsprechenden Gesetzestext vorlesen. Derzeit stehen folgende Gesetzesbücher zur Verfügung: Allgemeines Bürgerliches Gesetzbuch (ABGB), Strafprozessordnung (STPO), Strafgesetzbuch (STGB), Zivilprozessordnung (ZPO)	Ja, Rechtsdatenbank
87. Alexa, frage Rechtsdatenbank nach Paragraph <Paragraphennummer> <Gesetzbuchkürzel>	Alexa wird den entsprechenden Gesetzestext vorlesen. derzeit stehen folgende Gesetzesbücher zur Verfügung: Allgemeines Bürgerliches Gesetzbuch (ABGB), Strafprozessordnung (STPO), Strafgesetzbuch (STGB),	

	Zivilprozessordnung (ZPO)	
88. Alexa, starte butleroy	Startet den Skill in einem interaktiven Modus	Ja, butleroy
89. Alexa, sag butleroy, ich möchte <Zeitpunkt> gerne mit <Kontakt> <Tätigkeit>	Erzeugt eine butleroy Anfrage an den genannten Kontakt für die genannte Tätigkeit	Ja, butleroy
90. Alexa, sag butleroy, dass ich <Tätigkeit> muss	Versucht einen passenden Timeslot für die Tätigkeit zu finden	Ja, butleroy
91. Alexa, wie hoch ist der Mount Everest?		
92. Alexa, hat <Geschäft> noch offen?	Nennt die Öffnungszeiten	
93. Alexa, wie viele Einwohner hat <geo. Gemarkung>	Nennt die Einwohnerzahl von dem Ort	
94. Alexa, können Elefanten sprechen?		
95. Alexa, wer war <berühmte Person>	Erzählt mehr über die berühmte Person	
96. Alexa, wie ist mein Weg zur Arbeit	Unter zu Hilfenahme weitere Infos wird eine Stauprognose abgegeben	nein
97. Alexa, wie ist meine Pendelzeit	Aktuelle Verkehrsinformationen zu Ihrem Arbeitsweg	nein
98. Alexa, wie ist die	Aktuelle Stau-Informationen	nein

Verkehrslage im Moment		
99. Alexa, wie ist der Verkehr in <Ortschaft>	Aktuelle Stau-Informationen zu einem bestimmten Ort	nein
100. Alexa, übersetze <Begriff/Phrase> auf <Sprache>	Wird das gegebene Wort oder Phrase in die angegebene Sprache übersetzen	nein
101. Alexa, was ist die Definition von <Begriff>	Gibt Ihnen eine Definition des gegebenen Begriffes	nein
102. Alexa, wie schreibt man <Wort>	Alexa wird Ihnen das entsprechende Wort buchstabieren	nein
103. Alexa, wie buchstabiert man <Wort>		
104. Alexa, was ist <Zahl> math. Operator[29] <Zahl>	Alexa rechnet für Sie. Achtung: Mehr als binäre Operationen kann Alexa derzeit nicht ausführen. D.h. mehr als zwei Zahlen können Sie nicht verwenden.	nein
105. Alexa, was ist die Wurzel aus <Zahl>	Alexa, zieht die Wurzel	nein
106. Alexa, ist <Zahl>	Alexa, führt einen	nein

---

[29] Die mathematischen Operationen welche Alexa beherrscht sind: minus, plus, mal, geteilt durch, Prozent von

eine Primzahl	Test durch, ob die angegebene Zahl eine Primzahl ist	
107. Alexa, rechne <Zahl> <Umrechnungsphrase>[30] um	Konvertiert zwischen Währungen und Einheiten	nein
108. Alexa, wann haben die Kinder heute Schule aus	Schulschluss	Ja, Stundenplan
109. Alexa, wann hat <Kind Name> heute Schule aus		
110. Alexa, hat <Kind Name> morgen <Schulfach>		Ja, Stundenplan
111. Alexa, habe ich morgen <Schulfach>		
112. Alexa, wann hat <Kind Name> das nächste Mal <Schulfach>		Ja, Stundenplan
113. Alexa, welche Fächer hat <Kind Name> morgen / <Wochentag>		Ja, Stundenplan
114. Alexa, wann hat <Bundesland>[31] nächstes Jahr <Ferien>		Ja, Stundenplan
115. Alexa, öffne Bring	Öffnet Bring und führt Sie in einen	Ja, Bring!

---

[30] Derzeit beherrscht Alexa folgende Umformungen: Grad Celsius in Fahrenheit, Grad Fahrenheit in Celsius, Meilen in Kilometer, Kilometer in Meilen, gängige Währungen
[31] Derzeit werden Deutsche und Österreichische Ferienkalender unterstützt

		interaktiven Modus	
116.	Alexa, öffne Bring und füge <Produkt> hinzu		Ja, Bring!
117.	Alexa, öffne Bring und entferne <Produkt>		Ja, Bring!
118.	Alexa, öffne Bring und sag mir was auf meiner Liste ist		Ja, Bring!
119.	Alexa, öffne Bring und ändere meine Standardliste auf <Listenname>		Ja, Bring!
120.	Alexa, öffne Chefkoch		Ja, Chefkoch
121.	Alexa, was ist das Rezept des Tages		Ja, Chefkoch
122.	Alexa, suche mir etwas mit <Zutat1>, <Zutat2> und <Zutat3>	Sucht nach einem Kochrezept mit den angegebenen Zutaten	Ja, Chefkoch
123.	Alexa, öffne Kerntemperaturen	Öffnet die Kerntemperaturen in einem interaktiven Modus	Ja, kerntemperaturen
124.	Alexa, öffne Barkeeper	Öffnet den Skill Barkeeper in einem interaktiven Modus; durch Nennung eines Cocktail-Namens erhalten Sie das Rezept und mit „Liste" werden Ihnen alle Rezepte	Ja, Barkeeper

		aufgelistet	
125.	Alexa, öffne / starte Abfallkalender	Öffnet den Abfallkalender in einem interaktiven Modus	Ja, Abfallkalender
126.	Alexa, frage den Abfallkalender was die nächsten Abfuhrtermine sind		Ja, Abfallkalender
127.	Alexa, frage Abfallkalender welche Tonne diese Woche an der Reihe ist		Ja, Abfallkalender
128.	Alexa, frage den Abfallkalender wann <Müll Art> abgeholt wird		Ja, Abfallkalender
129.	Alexa, frage Abfallkalender wann das nächste Mal <Müll Art> abgeholt wird		Ja, Abfallkalender
130.	Alexa, öffne / starte Fleckentferner	Öffnet den Fleckentferner in einem interaktiven Modus	Ja, Fleckentferner
131.	Alexa, öffne / starte Grüner Daumen	Öffnet den Grüner Daumen Skill in einem interaktiven Modus	Ja, Grüner Daumen

Medienwiedergabe

Befehl	Auswirkung	Abhängig von Skill?
132. Alexa, wie heißt der/die Sänger/in von		nein

<Bandname>		
133. Alexa, was gibt es für beliebte Songs von <Künstler>	Der Echo wird die beliebtesten Songs des <Künstlers> abspielen	nein
134. Alexa, Hörproben von <Künstler>	Der Echo wird Hörproben des betreffenden Künstlers abspielen	nein
135. Alexa, sing mir ein Schlaflied		nein
136. Alexa, spiele Musik aus den <Jahrzehnt>		nein
137. Alexa, mach lauter / Alexa, lauter	Stellt den Echo um einen Grad lauter	nein
138. Alexa, mach leiser / Alexa, leiser	Stellt den Echo um einen Grad leiser	nein
139. Alexa, Lautstärke X	Stellt den Echo auf die Lautstärke X (0 bis 9)	nein
140. Alexa, Ton aus	Stellt den Echo auf Stumm (Lautstärke 0)	nein
141. Alexa, wann ist der Eurovision		nein
142. Alexa, mach Geräusche wie auf dem Land		nein
143. Alexa, mach Meeresrauschen		nein
144. Alexa, schaue <Titel>	Funktioniert in Zusammenhang mit dem FireTV	nein
145. Alexa, spiele		

<Titel>		
146. Alexa, suche <Suchbegriff>		nein
147. Alexa, was läuft gerade?	Alexa wird mitteilen, welcher Song gerade abgespielt wird	nein
148. Alexa, stoppe die Musik	Stoppt die Wiedergabe	nein
149. Alexa, Pause	Pausiert die Wiedergabe	nein
150. Alexa, anhalten		
151. Alexa, Fortsetzen	Nimmt die Wiedergabe wieder auf	nein
152. Alexa, nächster Song	Springt zum nächsten Song in der Playliste	nein
153. Alexa, Endloswiedergabe	Beginnt mit der Endloswiedergabe	nein
154. Alexa, stelle einen Sleeptimer in X Minuten	Stellt einen Schlaftimer in X Minuten und beendet dann die Wiedergabe	nein
155. Alexa, stoppe die Musikwiedergabe in X Minuten		
156. Alexa, beende den Sleeptimer	Bricht einen Sleeptimer ab	nein
157. Alexa, füge diesen Song hinzu	Fügt den Song der Musikbibliothek hinzu (In Verbindung mit Amazon Prime Music)	nein

158. Alexa, ich mag diesen Song	Bewertung eines Songs während der Wiedergabe	nein
159. Alexa, ich mag diesen Song nicht		
160. Alexa, spiele den <Podcast Name> Podcast	Alexa wird via TuneIn oder Spotify Premium den entsprechenden Podcast starten	nein
161. Alexa, lies <Buchtitel>	Alexa, beginnt das entsprechende Buch vor zu lesen	nein
162. Alexa, mein Buch fortsetzen	Alexa liest aus dem letzten Buch automatisch weiter vor	nein
163. Alexa, nächstes / voriges Kapitel	Innerhalb eines Buches navigieren	nein
164. Alexa gehe zu Kapitel <Kapitel Nr.>		
165. Alexa, vorspulen / zurückspulen		nein
166. Alexa, stelle einen Einschlaftimer für <Zeitangabe> Minuten / Stunden	Stellt einen Einschlaftimer für die Wiedergabe der Bücher	nein
167. Alexa, höre in <Zeitangabe> Minuten / Stunden auf, das		

Buch zu lesen		
168. Alexa, beende den Einschlaftimer		nein
169. Alexa, spiele Musik im <Gruppenname> ab	Spielt Musik in der angegebenen Multiroom-Audio Gruppe ab. Mehr Details finden Sie im Abschnitt über Multiroom Audio	nein
170. Alexa, Lautstärke im <Gruppenname> um <Prozent> leiser, bitte.	Reduziert die Lautstärke in der angegebenen Multiroom-Audio Gruppe. Für nähere Informationen lesen Sie bitten den Abschnitt über Multiroom Audio	nein
171. Alexa, Pausiere Musik im <Gruppenname>	Pausiert die Wiedergabe in der angegebenen Multiroom-Audio Gruppe. Für nähere Informationen lesen Sie bitten den Abschnitt über Multiroom Audio	nein

SmartHome Steuerung

Befehl	Auswirkung	Abhängig von Skill?

172. Alexa, finde alle meine Geräte	Sucht nach den verbundenen Geräten	nein
173. Alexa, dimme das Licht im <Raum Name> auf <Prozent> Prozent	Alexa, wird das Licht im angegebene Raum auf die angegebenen Prozent dimmen	nein
174. Alexa, schalte <Gerätename> auf <Prozent> Prozent	Alexa, wird das angegebene Gerät auf die angegebene Prozentzahl einstellen. Bsp.: „Alexa, stelle den Ventilator auf 50 Prozent"	nein
175. Alexa, schalte <Gerätename/Gruppenname> (im <Raum Name>) an	Wird das Gerät oder die Gerätegruppe einschalten, optional im entsprechenden Raum, wenn angegeben	nein
176. Alexa, schalte <Gerätename/Gruppenname> (im <Raum Name>) aus	Wird das entsprechende Gerät oder die Gerätegruppe ausschalten, optional im entsprechenden Raum, wenn angegeben	nein
177. Alexa, stelle die	Stellt die	nein

<Thermostatnamen> auf <Temperatur>	angegebene smarten Thermostate auf die angegebene Temperatur ein	
178. Alexa, senke die Temperatur im <Raum Name> um <Temperatur>	Senkt die Temperatur im angegeben Raum um die entsprechende Temperatur	nein

Unterhaltung & Sport

Befehl	Auswirkung	Abhängig von Skill?
179. Alexa, erzähle mir einen Chuck-Norris Fakt		
180. Alexa, erzähle einen Chuck Norris Witz		nein
181. Alexa, wo ist Chuck Norris		nein
182. Alexa, finde Chuck Norris		nein
183. Alexa, wie alt ist Chuck Norris		nein
184. Alexa, bist du Skynet		nein
185. Alexa, hasta la vista baby		nein
186. Alexa, ich komme wieder		nein

187. Alexa, ich bin dein Vater		nein
188. Alexa, möge die Macht mit dir sein		nein
189. Alexa, magst du Star Wars		nein
190. Alexa, das ist kein Mond		nein
191. Alexa, nutze die Macht		nein
192. Alexa, es ist eine Falle		nein
193. Alexa, sprich wie Yoda		nein
194. Alexa, magst Du Star Trek		nein
195. Alexa, lebe lang und in Frieden		nein
196. Alexa, kannst Du klingonisch sprechen		nein
197. Alexa, beam mich hoch		nein
198. Alexa, Widerstand ist zwecklos		nein
199. Alexa, welche Sternenzeit haben wir		nein

200. Alexa, wer ist der Doctor		nein
201. Alexa, was ist der Sinn des Lebens?		nein
202. Alexa, was ist die Antwort auf alle Fragen		nein
203. Alexa, Valar morghulis		nein
204. Alexa, der Winter naht		nein
205. Alexa, was weiß Jon Snow		nein
206. Alexa, was ist die fünfte Regel des Fight Clubs		nein
207. Alexa, mein Name ist Inigio Montoya		nein
208. Alexa, sprich Freund und tritt ein		nein
209. Alexa, ist der Kuchen eine Lüge		nein
210. Alexa, das ist Wahnsinn		nein
211. Alexa, Spiel mir das Lied vom Tod		nein
212. Alexa, erzähle mir einen Glühbirnen-Witz		

213. Alexa, gib mir das Rätsel des Tages		
214. Alexa, welche Spiele kann ich mit Echo Buttons spielen		
215. Alexa, wie viele Tore hat <Fußballername> in dieser Saison geschossen		

„Easter-Eggs"

Befehl	Auswirkung	Abhängig von Skill
216. Alexa, was möchtest Du werden, wenn Du groß bist		Nein
217. Alexa, bist Du ein Vampir		nein
218. Alexa, magst Du Eis		nein
219. Alexa, wie heißt das Zauberwort		nein
220. Alexa, jodel mal		nein
221. Alexa, Partytime		nein
222. Alexa, mach den Abwasch		nein
223. Alexa, gib		nein

mir Tiernamen		
224. Alexa, kannst Du das riechen		nein
225. Alexa, belle wie ein Hund		nein
226. Alexa, was hältst Du von Siri		nein
227. Alexa, wer hat an der Uhr gedreht		nein
228. Alexa, kannst Du Beatboxen		nein
229. Alexa, Palim Palim		nein
230. Alexa, ich muss aufs Klo		nein
231. Alexa, Test, 1, 2, 3		nein
232. Alexa, was ist Liebe		nein
233. Alexa, glaubst Du an die Liebe auf den ersten Blick		nein
234. Alexa, gibt es UFOs		nein
235. Alexa, warum ist die Banane krumm		nein
236. Alexa, können Schweine fliegen		nein
237. Alexa, bist		nein

du ein Nerd		
238. Alexa, wieviel verdienst Du		nein
239. Alexa, warum ist der Himmel blau		nein
240. Alexa, gibt es den Weihnachtsmann		nein
241. Alexa, wo wohnt der Weihnachtsmann		nein
242. Alexa, was wiegt die Erde		nein
243. Alexa, gibt es Gespenster		nein
244. Alexa, gibt es Außerirdische		nein
245. Alexa, gibt es Elfen		nein
246. Alexa, wann geht die Welt unter		nein
247. Alexa, was ist die einsamste Zahl		nein
248. Alexa, ich mag dich		nein
249. Alexa, ich liebe dich		nein
250. Alexa, hast Du einen Freund		nein
251. Alexa, gehst Du mit mir aus		nein

252. Alexa, willst Du meine Freundin sein		nein
253. Alexa, du vervollständigst mich		nein
254. Alexa, schön das es dich gibt		nein
255. Alexa, willst du mich heiraten		nein
256. Alexa, bist du verliebt		nein
257. Alexa, überrasche mich		nein
258. Alexa, magst Du mich		nein
259. Alexa, du bist sexy		nein
260. Alexa, du bist hübsch		nein
261. Alexa, toll		nein
262. Alexa, du hast eine schöne Stimme		nein
263. Alexa, du bist mein Schatz		nein
264. Alexa, was hast du an		nein
265. Alexa, echt jetzt		nein
266. Alexa, du bist entlassen		nein
267. Alexa, du stinkst		nein
268. Alexa, blöde		nein

Kuh		
269. Alexa, du bist doof		nein
270. Alexa, du hast keine Ahnung		nein
271. Alexa, du bist hässlich		nein
272. Alexa, bist du taub		nein
273. Alexa, du bist verrückt		nein
274. Alexa, du nervst		nein
275. Alexa, Scheiße		nein
276. Alexa, du kannst mich mal		nein
277. Alexa, noch so ein Spruch, Kieferbruch		nein
278. Alexa, noch so ein Gag, Zähne weg		nein
279. Alexa, noch so ein Ding, Augenring		nein
280. Alexa, was ist dein Problem		nein
281. Alexa, was soll ich anziehen		nein
282. Alexa, sag mir die Wahrheit		nein
283. Alexa, du musst noch viel		nein

lernen		
284. Alexa, wer ist der Boss		nein
285. Alexa, wann flog der erste Echo gegen die Wand		nein
286. Alexa, warum liegt da eigentlich Stroh		nein
287. Alexa, willst du mich verarschen		nein
288. Alexa, wer ist der Mörder		nein
289. Alexa, keine Panik		nein
290. Alexa, ich bin traurig		nein
291. Alexa, mir ist langweilig		nein
292. Alexa, bin ich fett		nein
293. Alexa, bin ich cool		nein
294. Alexa, ich bin betrunken		nein
295. Alexa, ich bin besoffen		nein
296. Alexa, ich könnte kotzen		nein
297. Alexa, ich bin erkältet		nein
298. Alexa, Earl Grey. Heiß		nein

299. Alexa, ich bin einsam		nein
300. Alexa, ich habe Schmerzen		nein
301. Alexa, hatschi		nein
302. Alexa, mir ist kalt		nein
303. Alexa, ich habe Hunger		nein
304. Alexa, lass Dein Haar herunter		nein
305. Alexa, hoch auf dem gelben Wagen		nein
306. Alexa, sing „O, Tannenbaum"		nein
307. Alexa, backe, backe Kuchen		nein
308. Alexa, Mahna, Mahna		nein
309. Alexa, wann wird es wieder richtig Sommer		nein
310. Alexa, wer ist die schönste im ganzen Land		nein
311. Alexa, wo hat der Frosch die Locken		nein
312. Alexa, 99 Luftballons		nein
313. Alexa, Romeo, oh Romeo		nein

314. Alexa, sein oder nicht sein		nein
315. Alexa, Hulapalu		nein
316. Alexa, wer wie was		nein
317. Alexa, ich bin ein Berliner		nein
318. Alexa, Schere, Stein, Papier		nein
319. Alexa, Schnick, Schnack, Schnuck		nein
320. Alexa, Klopf, Klopf		nein
321. Alexa, wer hat in meinem Bettchen geschlafen		nein
322. Alexa, guten Morgen		nein
323. Alexa, Mahlzeit		nein
324. Alexa, grüß Gott		nein
325. Alexa, was geht ab		nein
326. Alexa, Hummel, Hummel		nein
327. Alexa, alles Roger in Kambodscha		nein
328. Alexa, alles		nein

paletti			
329. Alexa, habe die Ehre			nein
330. Alexa, Grüezi			nein
331. Alexa, Tschüssikowski			nein
332. Alexa, ich bin dann mal weg			nein
333. Alexa, schlaf gut			nein
334. Alexa, gute Nacht			nein
335. Alexa, see your later, Alligator			nein

Alexa kann zu verschiedenen Sportliegen verschiedene Ergebnisse angeben, sofern Sie sich dazu entscheiden sie hierzu zu befragen. Bevor wir uns explizit die entsprechenden Befehle anschauen bekommen Sie hier eine Liste der aktuell unterstützten Liegen (die meisten hiervon sind US-Amerikanische):

- BL – Bundes-Liga
- EPL – Englische Premier League
- MLB – Major League Baseball
- MLS – Major League Soccer
- NBA – National Basketball Association
- NCAA Basketball Männer – National Collegiate Atheltic Association
- NCAA FBS Football – NCAA: Football Bowl Subdivision
- NFL – National Football League
- NHL – National Hockey League
- WNBA – Women's National Basketball Association

Befehl	Auswirkung	Abhängig von Skill?
336. Alexa, Stichwort <Liga>	Gibt Informationen zu der entsprechenden Liga aus	nein
337. Alexa, wie ist das Spielergebnis von <Verein>	Gibt die aktuellen Spielergebnisse zum angegebenen Verein aus	nein
338. Alexa, wie steht es beim <Mannschaft> gegen <Mannschaft> Spiel	Aktuelle Spielinformationen zu einem bestimmten Match	nein
339. Alexa, wer hat das Viertelfinale der <Liga> gewonnen		nein
340. Alexa, wann spielt <Mannschaft> als nächstes	Teilt Ihnen mit wann die betreffende Mannschaft das nächste Mal spielen wird	nein
341. Alexa, hat <Mannschaft> gewonnen		nein
342. Alexa, wie steht es gerade bei <Mannschaft> gegen <Mannschaft>	Aktuelle Spielinformationen eines bestimmten Matches	nein
343. Alexa, wie viele Tore hat <Fußballer>		nein

bereits geschossen		
344. Alexa, wer ist der aktuelle Weltmeister		nein
345. Alexa, was denkst Du über Apple		nein
346. Alexa, Trommelwirbel		nein
347. Alexa, wer ist Dein Vorbild		nein
348. Alexa, kannst Du Auto fahren		nein
349. Alexa, was ist dein Lieblingssachbuch		nein
350. Alexa, was ist 0 geteilt durch 0		nein
351. Alexa, starte magisches Lagerfeuer		nein
352. Alexa, sag mir ein langes Wort		nein
353. Alexa, deine Mudda		nein
354. Alexa, mach mal Quatsch		nein
355. Alexa, schimpf mal		nein
356. Alexa, erzähle mir einen Zungenbrecher		nein

357. Alexa, wähle einen Zungenbrecher		nein
358. Alexa, wirf einen Würfel		Nein

Alexa und Echo-Geräte für Entwickler

Amazon bietet Entwicklern verschieden Schnittstellen und APIs an um Skills zu entwickeln oder Ihre Produkte anpassen zu können. Da dieses Thema vielschichtig ist würde es den Rahmen dieses Buches bei weitem sprengen, so dass ich an dieser Stelle nur auf die offizielle Amazon Entwickler Seite (https://developer.amazon.com/de/alexa) verweisen kann. Allen gemein ist, dass Sie über einen Amazon Entwickler Account verfügen müssen.

Die Entwicklung von Amazon Skills ist eine spannende Sache und nebenbei auch kein Hexenwerk. Probieren Sie es selbst, denn Sie haben dabei nichts zu verlieren.

Hat Ihnen das Buch gefallen? Ich freue mich über Ihre Bewertung, denn das hilft mir wirklich sehr. So kann ich entweder etwas verbessern oder weiß es zu schätzen, dass Sie mein Buch gelesen haben und möchte mich für Ihre Zeit bedanken.

Vielen Dank und alles Gute.

Haftungsausschluss:

Der Autor übernimmt keinerlei Gewähr für die Aktualität, Korrektheit, Vollständigkeit oder Qualität der bereitgestellten Informationen und weiteren Informationen.

Haftungsansprüche gegen den Autor, welche sich auf Schäden materieller oder ideeller Art beziehen, die durch die Nutzung der oder Nichtnutzung der dargebotenen Informationen bzw. durch die Nutzung fehlerhafter und unvollständiger Informationen verursacht wurden, sind grundsätzlich ausgeschlossen, sofern seitens des Autos kein nachweislich vorsätzliches oder grob fahrlässiges Verschulden vorliegt. Alle Angaben wurden vom Autor mit größter Sorgfalt und nach bestem Wissen und Gewissen recherchiert oder spiegeln seine eigene Meinung wieder. Der Inhalt des Buches passt möglicherweise nicht zu jedem Leser / jeder Leserin und die Umsetzung folgt ausdrücklich auf eigenes Risiko. Es gibt keine Garantie dafür, dass alles genauso, bei jedem Leser / jeder Leserin, zu genau den gleichen Ergebnissen führt. Der Autor und / oder Herausgeber kann für etwaige Schäden jedweder Art aus keinem Rechtsgrund eine Haftung übernehmen.

* = Affiliatelinks (kostenlose Unterstützung meiner Arbeit)

© / Copyright: 2018

Kin Quelch

1. Auflage
Gedruckt im Selbstverlag
Druck: Amazon Media EU S.à r.l., 5 Rue Plaetis, L-2338, Luxembourg
Kontakt: Eugen Grinschuk - Grünauer Allee 14 - 82008 Unterhaching
Fotos: depositphotos.com
Cover: fiverr.com

Das Werk, einschließlich seiner Teile, ist urheberrechtlich geschützt. Jede Verwertung ist ohne Zustimmung des Verlages und des Autors unzulässig. Dies gilt insbesondere für die elektronische oder sonstige Vervielfältigung, Übersetzung, Verbreitung und öffentliche Zugänglichmachung.

Bibliografische Information der Deutschen Nationalbibliothek: Die Deutsche Nationalbibliothek verzeichnet diese Publikation in der Deutschen Nationalbibliografie; detaillierte bibliografische Daten sind im Internet über http://dnb.d-nb.de abrufbar

Printed in Poland
by Amazon Fulfillment
Poland Sp. z o.o., Wrocław